El líder de Atapuerca

RUFINO FERNÁNDEZ REDONDO

El líder de Atapuerca

Una lección sobre liderazgo
a través de un viaje en el tiempo

© Rufino Fernández Redondo, 2011

© Segunda Edición, noviembre, 2014

Todos los derechos reservados

2ª Edición

ISBN-13: 978-1503151604
ISBN-10: 1503151603

Para Arturo Deu,
sabio que conoce el arte de navegar
a través del proceloso océano de las organizaciones.

«Hay que desarrollar la conciencia crítica de especie. Convertir la inteligencia operativa en conciencia operativa. No basta con conocer, hay que pensar y actuar. Hay que socializar la ciencia y la técnica, incorporar a la población a la toma de decisiones, a estructurarse, a influir...»

Eudald Carbonell, doctor en Geología y en Historia. Catedrático de Prehistoria de la Universidad Rovira i Virgili, de Tarragona. Codirector de las excavaciones de Atapuerca. Cita extraída de la entrevista realizada por Luis Alfonso Gámez para *El Correo Digital*.

«La competencia se plantea en términos de la explotación de los recursos del medio, no de combate, porque los neandertales eran más fuertes que nosotros...»

Juan Luis Arsuaga, doctor en Ciencias Biológicas. Catedrático de Paleontología en la Universidad Complutense de Madrid. Codirector de las excavaciones de Atapuerca. Cita extraída de la entrevista realizada por Susana Pajares por la publicación del libro *La especie elegida*.

PREFACIO

Nuestros huecos siguen siendo sociales

Nuestros orígenes biológicos son claros, de manera que, lejos de avergonzarnos de ellos, deben ser motivo de orgullo e ilusión. ¿Cómo unos modestos seres, precarios y minoritarios en el conjunto de su entorno, se ponen de pie y andan erguidos, liberan sus manos, y al tiempo que fabrican herramientas a partir de otros objetos, siguen evolucionando hacia un cerebro más grande y complejo? Gran parte de esto sucedió gracias a la inteligencia operativa socializada, nuestro mejor instrumento para adaptarnos al medio circundante y transformarlo. Y es que la complejidad de nuestro cerebro no es sólo biológica, sino muy especialmente social, y se distingue de otros mamíferos precisamente por su capacidad socializadora, es decir, por su vocación para transformar las innovaciones individuales en hábitos colectivos. Ser conscientes de esto nos obliga a definir nuestra competencia como personas humanas individuales, en un entorno social colectivo, favoreciendo la confianza para con nosotros mismos y para con quienes nos rodean, superando así limitaciones y evitando excesos.

Eudald Carbonell, abril de 2010

PRESENTACIÓN

El día que cumplí catorce años llevaba ya dos trabajando en una imprenta. Desde entonces no he dejado de bregar entre plantas industriales, procesos productivos, responsables de área, gerentes y directores generales de empresa. En todos estos años y en este recorrido, he comprobado que cada poco tiempo llega una crisis que zarandea los planes o pone «patas arriba» la organización.

Quizás esta sacudida no llega revestida como una gran crisis, sino como pequeños obstáculos que dificultan la gestión y reducen los buenos resultados. No se la trata como lo que es: un aviso claro que pide revisión de lo que se hace y cómo se hace. Al ver las dificultades como pequeños inconvenientes, no se prepara a las personas de la organización para asumir los cambios, y se espera que pase el escollo como en otras ocasiones anteriores ha sucedido. Pero estos tropiezos son como las pequeñas olas que golpean repetidamente sobre la roca y la desgastan. No hace falta que tengan la magnitud de un tsunami para hacer daño.

Muchas veces el problema de fondo es que quien dirige no percibe el desgaste o no ve clara la necesidad de cambio. Entonces es cuando el trabajo de equipo se hace imprescindible para dejar ver el valor real de la empresa: las personas que colaboran en ella. De ahí que sea tan importante que esas personas que forman parte del equipo estén orientadas a los resultados, que incorporen conocimiento a su perfil profesional y crezcan como seres humanos en lo personal. Así debería de ser. Pero en mi trayectoria profesional como asesor de compañías, noto que es una de las grandes debilidades que se encuentran detrás de la empresa.

Esta debilidad, que llama la atención por los efectos que genera en el resto de la organización, es resultado del escaso ejercicio de un liderazgo sano, efectivo y eficiente, real. De un liderazgo basado en un perfil donde sobresalga, entre otros atributos, la calidad humana. Sin ésta no es posible alcanzar la calidad profesional. Este concepto de «calidad profesional» tiene que ver con la capacidad de conseguir objetivos, sí, pero sobre todo tiene que ver con la capacidad de obtener lo mejor de cada una de las personas que forman parte de la organización. Sin lo segundo, difícilmente lograremos lo primero.

No en vano, a lo largo de mi carrera profesional he comprobado que las empresas están llenas de personas con ideas. Algunas se hallan situadas en puestos del organigrama desde donde les es posible aportarlas a la organización, porque, además, es lo que se espera de ellas. Pero la mayoría no tendrá nunca la oportunidad de compartirlas, porque alguien entiende que en su puesto no le corresponde tenerlas. De modo que sus ideas se perderán sin remedio.

Así que mi deseo con este libro es colaborar para convertir la debilidad en fortaleza. Para ello, durante el recorrido de la lectura introduzco *pastillas* de conocimiento, pero no olvido que las organizaciones se componen de personas que deben ser tratadas como tales y que el camino del aprendizaje y la formación es siempre mejorable.

No es un secreto que en las situaciones complicadas y en los períodos de crisis es cuando las personas y las empresas se confunden. En esos tiempos, la desorientación y la pérdida de contacto con la realidad van de la mano. Propongo, entonces, una metodología que pueda ser útil para los profesionales y para todo aquel dispuesto a mejorar: si conseguimos transformarnos en personas con más sabiduría en todos los planos de nuestra vida, tendremos la herramienta más potente para enfrentar los tiempos difíciles. La tarea no es sencilla, pero hay que apostar por ella.

Por eso, éste es un libro que puede leer cualquier persona interesada en mejorar como ser humano. Aunque hable de organizaciones, se centra en las personas. Si bien parte del argumento tiene lugar en una empresa, otra parte hará volar vuestra imaginación para llevaros a un tiempo pasado que os conviene conocer. No tengo ninguna duda. Es un libro que habla de épocas de transición y de seres que las viven de modos diferentes.

Con *El líder de Atapuerca* deseo mostraros el camino que conduce a la incorporación de las personas a la organización. Deseo enseñaros una vía que permita crear un verdadero equipo que motive a cada uno de sus integrantes para mejorar la empresa e implicarlos en las acciones y estrategias, tengan la responsabilidad que tengan dentro del organigrama. De ese modo, se aprovechará toda la capacidad de cada uno para comprometerse con su trabajo y se conseguirá que todos remen en la misma dirección. Si vosotros, como líderes dentro de una empresa, socializáis la gestión, creáis conciencia de las acciones de los componentes del equipo y pulís sus capacidades, incluso las crisis podrían evitarse.

Como sabemos, Sócrates, el filósofo griego, utilizaba un método para explicar los conceptos con claridad; por mi parte, seguiré una táctica parecida: cruzaré en el texto una historia que muestre los valores que me interesa resaltar. No hay mejor forma de comprender los conceptos que visualizándolos a través de un relato que enganche. Así que aquí encontraréis un libro dentro de otro libro, y con ambos fijaré los axiomas, competencias y reglas a tener en cuenta no sólo para salir de una crisis específica, sino para aplicarlos en la vida tanto personal como empresarial. En el día a día. De modo que en el proceso de lectura iremos construyendo el perfil de un nuevo estilo de liderazgo que dará sentido a la evolución: **un liderazgo sabio**.

Y se necesita un modelo así. Como apunta una de las citas de este libro, yo también creo que los humanos hemos evolucionado mucho, sobre todo en lo que se refiere a las herramientas tecnológicas. Pero esta transformación ha sido distinta en lo relativo a la humanidad, entendida en el sentido antropológico del término. No olvidemos que los fines que persigue la naturaleza humana, según la filosofía, tienen que ver con el crecimiento como persona y con el desarrollo de las capacidades del individuo como la inteligencia o la voluntad. ¿Son importantes estos conceptos? No cabe duda que lo son. La inteligencia busca la verdad a través del conocimiento; la voluntad quiere llegar al bien porque desea lo bueno. Y la una y la otra nos llevan a la consumación de la ética.

¿Y qué es la ética? La palabra deriva del griego *ethos*, que significa, dentro de sus distintas acepciones, «lo habitual» o «la costumbre». Y este sentido etimológico del concepto de *ethos* nos dice que el concepto tiene que ver con «carácter», «forma de vida», «manera de ser», y que se adquiere con el tiempo y se aprehende a través de la costumbre colectiva. Pues bien, la tesis que sustenta este libro va sobre la necesidad de acompañar la evolución biológica con la evolución antropológica del individuo. Y que lo aprendido se convierta en costumbre, forma de vida y manera de ser.

Mi propuesta es que sepamos ser líderes sabios, que consigamos un balance en nuestra vida personal y laboral, y tomemos en cuenta a ese otro que está día a día a nuestro lado —ya sea pareja, colaborador, colega, equipo— y aportemos lo mejor de nosotros, para obtener lo mejor de cada uno.

Pero no me demoro más. Veamos el camino…

Cliqué sobre el icono. Un segundo después la pantalla cambió a negro y cerré la tapa del portátil. Tenía la medida de un libro de tapa dura y era fácil de llevar de un lado a otro. Al hacerlo me di cuenta de la mancha de tinta que tenía en la palma de la mano. Miré alrededor. Quería un paño o algo así, pero la mesa estaba vacía y no había nada a la vista que sirviera para limpiarme. Ni siquiera un papel. Una de las alumnas percibió lo que ocurría y se acercó con un paquete de *kleenex*.

—Tenga profe, esto le servirá —dijo, estirando la mano.

—Gracias —respondí. Traté de recordar cómo se llamaba. Estábamos en una de las aulas del IL3, la escuela de negocios de la Universidad de Barcelona. Los alumnos seguían el programa de Estrategias de Operaciones. Era la primera sesión con el grupo y aún no había asociado cada rostro con su nombre. Sabía que comenzaba con «P»: Paloma, Patricia, Pilar, Paula, pero no estaba seguro. Aventuré a decir uno: «Gracias, Paula. Eres muy amable».

Acerté, o si no lo hice, ella fue muy amable y no enmendó el error.

Froté sobre la mancha azul y aunque se redujo bastante, aún era muy notoria.

—No es muy ortodoxo, pero... —y humedecí el papel con saliva. Esta vez al frotar se fue deshaciendo el pañuelo entre los dedos, pero logré convertir la mancha en una sombra pálida.

—Me ha parecido muy interesante lo que nos ha contado sobre cómo aplicar estrategias en la empresa. Por lo que explicó, es como si fuera muy habitual que un Director de Operaciones tenga grandes ideas que quizá no se ejecutan nunca. Eso me lleva a pensar otras cosas —dijo Paula, y entendí que su oferta de pañuelos tenía un cierto interés personal. Dejé de recoger los materiales, levanté la vista y me dispuse a escuchar lo que tuviera que decirme—. Supongo que un responsable que está en el primer nivel de dirección tiene interés en comprobar que las decisiones que toma se llevan a cabo. Pero no tengo claro que tenga establecido un modelo de seguimiento. Más bien creo que se entera del rumbo que ha tomado su decisión cuando los resultados no son los previstos y alguien da la voz de alarma. ¿No le parece?

Mientras la escuchaba, buena parte de los alumnos habían recogido sus apuntes y portátiles y desfilaban bulliciosos hacia la salida del aula, pero al ver que Paula charlaba conmigo, algunos se detuvieron junto a la mesa y se plantaron al lado de la muchacha para escuchar lo que decíamos.

—Bueno, en realidad te adelantas a la siguiente clase, pero no me importa comentar algo de lo que hablaremos con mayor profundidad la semana que viene.

Creo, incluso, que es bueno. Os propongo que reflexionéis sobre lo que voy a decir y que busquéis documentaros para que los argumentos del próximo día sean lo más sólidos posibles. Veréis... —acomodé el trasero sobre la esquina de la mesa y ellos hicieron un semicírculo alrededor—: para que una organización funcione, debe saber aplicar el conocimiento. Aunque suena evidente, no siempre es fácil ponerlo en práctica. Unas personas que han dedicado tiempo y esfuerzo a estudiar este tema son Ikujiro Nonaka y Hirotaka Takeuchi. Ellos han tenido la habilidad de integrar el conocimiento en las diferentes capas de la organización. ¿Cómo lo han hecho? —me levanté y fui a la pizarra blanca que estaba detrás mío, tomé un rotulador negro tipo *veleda*, y me dispuse a explicar lo que quería decir. Primero dibujé un trapezoide:

—Este trapezoide es una hoja. Es como una capa que representa el conocimiento en una organización. Es la base, la esencia que da pie a lo demás y que, según Nonaka, está ligada con la visión corporativa, la cultura organizacional, la tecnología, las bases de datos... —lo escribí en letras capitales:

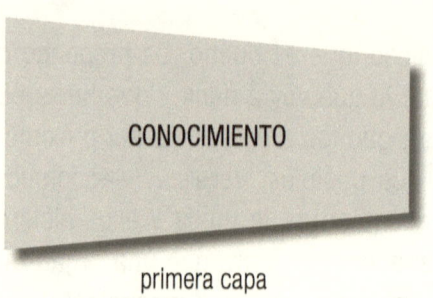

CONOCIMIENTO

primera capa

Me volví hacia ellos.

—Tiene la facultad de ser como una gran bolsa de agua dulce en la capa freática del subsuelo —les dije—. Está ahí, disponible para el que la necesite. Tan sólo es cuestión de hacer un pozo para llegar a ella y nos traerá la vida. En las empresas también es cuestión de supervivencia. Pero no es el agua lo que más se necesita. Es el conocimiento. El conocimiento es la gran bolsa de agua dulce. Debemos echar mano de él para tener las mayores oportunidades como empresa. Es nuestro tesoro más preciado. Sin él, la organización se debilita hasta la extenuación y no tarda en desaparecer.

—Está claro que la bolsa de agua se abastece de las corrientes subterráneas que llegan desde otros lugares en los que llueve mucho más a menudo, pero ¿de dónde viene el conocimiento en la empresa? —preguntó uno de los que se habían sumado al grupo. Recordé su nombre: Jaume. Lo recordaba gracias a las pecas que salpicaban su rostro claro de pelirrojo.

Aproveché su pregunta.

—Pues mira, Jaume, le viene de varias fuentes que, si seguimos con la analogía de las aguas, podríamos llamar afluentes: uno es lo que cada uno de los empleados de la

22

empresa sabe; otro afluente es el de los procedimientos y las normas que ya existen en la organización, y uno más es el de las reuniones de trabajo. También cuenta la experiencia adquirida al poner en práctica las ideas.

Me volví hacia la pizarra y escribí en uno de los laterales para no borrar el trapezoide:

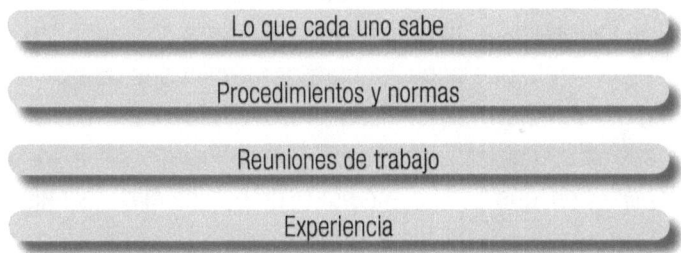

Lo que cada uno sabe

Procedimientos y normas

Reuniones de trabajo

Experiencia

Una vez anotado, les pregunté:

—¿Quién puede decirme cómo se interrelacionan entre ellos de modo que el caudal de las fuentes acaben en un único lago subterráneo? Digamos, ¿en esa gran capa freática de conocimiento?

La pregunta les pilló por sorpresa. Por unos segundos se miraron entre ellos sin saber qué decir. El silencio se interrumpió por la algarabía de los que salían de la clase de al lado. El pasillo se llenó de risas y voces. No esperé a que se decidieran. Regresé a la pizarra y escribí:

Explícito

Tácito   Tácito

Luego dejé el rotulador en la repisa de la pizarra y volví junto a ellos.

—Todo conocimiento tácito debe convertirse en explícito —miré sus rostros pendientes de lo que tuviera que decir e insistí en el concepto—. Quiero decir que lo que cada uno sabe, más la experiencia acumulada, deben de convertirse pronto en normas y procedimientos. ¿Cómo? A través de las reuniones de trabajo y otros procesos de comunicación, por ejemplo: cuando alguien con experiencia ayuda a un empleado nuevo para que adquiera el aprendizaje que necesita para desarrollar sus tareas.

»Nonaka y Takeuchi, en su teoría, proponen cuatro fases para el proceso de creación de conocimiento: la *sociabilización*, que tiene como punto de partida el conocimiento tácito y que da lugar a la siguiente fase, la *exteriorización*. Ésta, usando conocimiento explícito, da lugar a la fase de *combinación*, en la que justamente se combinan el conocimiento tácito con el explícito. Volvemos a usar conocimiento explícito y se pasa a la fase de *interiorización*. Desde esta fase, por la asimilación de conocimiento tácito, volvemos a la de *socialización*. Y así funciona el bucle.

Borré lo anterior y dibujé este mismo bucle:

Proceso de creación de conocimiento en la organización
Nonaka y Takeuchi, 1995

Noté la duda o el desconcierto en la mirada de Paula y supe que a continuación preguntaría.

—No acabo de entender bien la diferencia entre «explícito» y «tácito».

Los otros asintieron para mostrar su acuerdo con ella.

No tuve más remedio que aclarar la diferencia, aunque con ello estuviera "pisando" la lección siguiente. Pero creí que valía la pena hacerlo, ya que mostraban tanto interés.

—Mirad, el conocimiento explícito es el técnico, el funcional. Si te enseñan a leer los parámetros de una máquina, puedes hacerte pronto con ese conocimiento. En cambio, el conocimiento tácito es muy diferente. No es técnico ni funcional. En realidad tiene que ver con las *actitudes* —remarqué esta palabra—, actitudes con «c», no con «p». También tiene que ver con la capacidad para resolver problemas, con la creatividad, y está asociado a la experiencia, a la sabiduría y a las emociones. Ya veis qué mezcla de ingredientes. Así que éste ya no es tan fácil de obtener. Desde luego que no se adquiere por la misma vía que el explícito. Es la experiencia acumulada. Intrínseca a la persona. Lo que cada uno de nosotros ha incorporado a su bagaje personal. Si muestras una buena actitud, serás más permeable a recibir conocimiento tácito. Si ejerces el liderazgo adecuado, es decir, escuchas lo que el otro tiene que aportar, podrás obtener ese conocimiento de los que te rodean. Luego lo llevarás a conocimiento explícito a través del trabajo en equipo.

—Ya veo —dijo Paula—. Quiere decir que ese conocimiento tácito tiene que transformarse en explícito para que éste se traduzca en acciones y herramientas que ayuden a lograr los objetivos. Y que si eso lo conducimos con un estilo de liderazgo adecuado, las personas serán las que contribuyan a esos logros.

Sonreí. Solté el rotulador sobre la repisa de la pizarra y me moví hacia ellos.

—Desde luego. Eso es. No olvidéis que hablamos de organizaciones, empresas que tienen una función en el mercado y en la sociedad. Buscad bibliografía de Nonaka y tratad de entender cómo el conocimiento se aprovecha como ventaja competitiva. Veréis que en algún lugar dice que el conocimiento es la única ventaja competitiva duradera.

»En la próxima sesión os mostraré cómo bajo esa tesis se conjugan conocimiento, estructura organizativa y trabajo de equipo para llevar a cabo proyectos que mejoren los resultados de la empresa. Trabajadlo, así podréis enriquecer la sesión con vuestras reflexiones, y eso dará pie a que el resto de alumnos debatan los razonamientos. Creo que con esto hemos dado un paso adelante.

Noté algo, abrí la mano derecha y vi la mancha azul junto al nacimiento del dedo gordo. Paula metió la mano en su bolso, sacó el paquete de *kleenex* y me lo tendió.

—Vuelta a empezar —me dijo, sonriendo.

Los otros se apresuraron para marchar y le devolví el paquete a Paula, dándole las gracias de nuevo.

—No, en todo caso gracias a usted por su tiempo. Ha sido muy amable —respondió, mientras guardaba el paquete—. Haremos lo que ha dicho. Buscaremos escritos de esos dos japoneses y nos vemos la semana que viene.

Los alumnos fueron hacia la puerta, charlando entre ellos y gastándose bromas. Conforme salían se cruzaron con Agustín, el responsable que cuidaba de los medios materiales y técnicos, y que llegaba para preparar el aula para la clase siguiente. Al poco tiempo sus voces se habían perdido por el pasillo que daba al ascensor y las escaleras.

Mientras Agustín devolvía el cable del proyector al ordenador de sobremesa de la clase, yo guardé mi portátil en la bolsa de mano. Tomé la chaqueta, encendí el móvil, y estaba a punto de salir del aula cuando sonó el aviso de llamadas. No quise contestar en ese momento, pues era importante revisar de nuevo que no me dejaba nada: comprobé que había guardado el cable de los altavoces diminutos y el adaptador de corriente, pues al día siguiente necesitaría todas las herramientas.

Ya, por último, comprobé que el libro que estaba leyendo estuviera guardado en el compartimento que utilizo para llevarlo conmigo. Perfecto. Todo controlado. Cerré la bolsa y la colgué de mi hombro. Eché un último vistazo alrededor de la mesa por si me dejaba algo y una vez comprobado que no quedaba nada mío, me despedí de Agustín, que ya ordenaba lo demás, y salí al pasillo.

Al llegar al *hall*, un gran espacio abierto en el que podía verse desde la planta baja hasta la cuarta, vi que el ascensor panorámico de paredes de cristal bajaba lleno. Como no tenía intenciones de apretujarme en ningún ascensor, quise aprovechar para saludar a Pepe, me desplacé unos metros más allá y asomé la cabeza en la cafetería. Pepe estaba detrás de la barra y nada más verme me saludó efusivo y casi al mismo tiempo se volvió hacia la cafetera para preparar el cortado. Le dije que tenía prisa y sólo quería saludarlo. Pero cuando iba a decírselo, se volvió con el café, lo puso sobre el mostrador y ya no quise decirle que no. Era un ejemplo para la profesión. Agradecido, lo tomé de un trago, me despedí de él y regresé al ascensor. Había cuatro alumnos aguardando turno en la puerta, por lo que decidí tomar las escaleras. Mientras bajaba, comprobé el aviso del móvil: decía que alguien había dejado esa mañana un mensaje en el contestador. Revisé por si conocía el número, pero no había sido registrado. Guardé el aparato, pues no me apetecía tropezar con la moqueta poco uniforme de los escalones y tener un accidente. En el camino me crucé con Silvia, la coordinadora del máster, que subía cargada con un paquete de documentos. Sonreí. En mi fuero interno me sentía culpable, pues era posible que algún paquete de aquéllos fuese material de mi curso. Pasó junto a mí, y con alguna broma me dio a entender que un día de estos tendría una hernia. Yo le devolví el saludo y prometí, entre risas, enviar menos material para el próximo curso.

Una vez en el vestíbulo, y antes de salir a la calle, por fin me entretuve a escuchar el mensaje de mi móvil. Había uno antiguo y uno nuevo. El nuevo dio paso a una voz que me resultó familiar: «Hola Víctor, soy Andrés, Andrés Moya, alumno del Máster de Operaciones. Ex alumno. Ya sé que tienes unos cuantos y quizá no me recuerdes, pero necesito hablar contigo. Tengo problemas en la empresa. Vivimos tiempos difíciles y debo hacer algo para mejorar los resultados. Ya sabes… Aquí te dejo mi número de teléfono, pero no te preocupes, de todos modos intentaré localizarte más tarde. Repito: necesito hablar contigo. Por si acaso, toma nota del número…».

Me acerqué rápido al mostrador de recepción, pedí papel y boli y anoté el número que en esos instantes me cantaba el contestador. Finalicé la llamada, agradecí a la recepcionista su ayuda y, tras despedirme, salí a la calle.

Era casi mediodía, pero el sol se parapetaba tras algunas nubes y su luz y calor llegaban sin fuerzas, de modo que a pesar de ir cargado con la bolsa, podía moverme con ligereza. Caminé una manzana hacia la Diagonal, pasé junto a la torre Agbar, que mostraba los colores vivos de tierra y agua, y fui hasta la parada del metro: *Glorias*. Justo cuando iba a bajar las escaleras que daban acceso a la estación, me llegó una bocanada de aire caliente que me hizo pensar en el soplo de Polifemo. El aire olía igual que si saliera de su estómago o el gigante tuviera una muela picada. Cuando llegué a la barrera de paso e introduje la tarjeta en la boca desdentada del lector, mi nariz se había acostumbrado a la gama de olores y estaba lista para soportar lo que viniera después. Y no tuve que aguardar mucho. Al cabo de un minuto el tren apareció desde la embocadura negra del túnel y vi que los vagones llegaban atestados de pasajeros.

Era una de las horas punta del día. Nada más entrar, me situé cerca de la puerta y me dispuse a disfrutar de mi pasatiempo favorito en ese medio de transporte: observar a los viajeros. No suelo leer en el metro, porque el viaje es corto y cuando va lleno es difícil hallar un resquicio para sacar el libro. Así que prefiero pasar el tiempo viendo lo que hacen los demás. Cómo se comportan, qué libros leen, cómo visten. Incluso les asigno vidas que quizá no sean las suyas, pero me gusta imaginarlas y darles posibilidades distintas.

Esta vez me fijé en un joven. Tenía los auriculares clavados en las orejas, como si fueran chinchetas de goma, y mostraba unos ojos en blanco que me hicieron pensar en uno de aquellos aparecidos que salen en las películas *gore*. Desde donde me hallaba, podía oír el sonido chirriante escapando de sus diminutos altavoces.

Un sonido específico que salía de los auriculares me trajo a la memoria la llamada de Andrés. Me acordaba de él porque no hacía mucho tiempo que había finalizado el máster. Al finalizar las clases siempre les dejaba mi tarjeta, por lo que no me sorprendió que tuviese mi número de teléfono. No era nada raro que alguno se pusiera en contacto para hacerme preguntas relacionadas con su trabajo. Un dilema, dudas, alguna decisión que implicara la necesidad de tener cierta experiencia. Supuse que era lo que ocurría esta vez y decidí que lo llamaría cuando estuviera instalado y tranquilo en mi asiento del autobús.

Siempre que puedo viajo en transporte público, porque, aunque no digo que sea cómodo en ruta y horarios, al menos me deja tiempo para leer, pensar, descansar o tomar notas. Así que seguí en el metro. Hice transbordo en *España*, pasé a la Línea 3, con dirección a *Zona Universitaria*, y cinco o seis minutos más tarde llegaba al siguiente destino, aunque no el último. Bajé en *María*

Cristina y, justo cuando subía las escaleras mecánicas, sonó el teléfono.

Era Andrés.

Después del saludo me dijo que necesitaba verme. Me dijo también que su empresa atravesaba un momento delicado y creía que yo podría prestarle ayuda como asesor, pues además de impartir formación en escuelas de negocio, también me dedico a la asesoría de empresas que requieren ayuda en el campo de la Gestión Directiva y de la Logística. Le dije a Andrés que sí le ayudaría y acordamos la cita para el día siguiente por la tarde.

Poco después, descansaba en mi asiento del autobús y me disponía a disfrutar del libro de Philip Roth, *Indignación*.

Al día siguiente, tal y como había quedado con Andrés, entré en el aparcamiento situado al aire libre y me dirigí hacia las plazas reservadas a las visitas. El morro del *Picasso* quedó a dos dedos de una montaña de palés vacíos, mal colocados, que no debían caber donde tuvieran los demás y que por eso los habían dejado apilados contra la pared metálica de la nave.

Miré alrededor, pero no había libre ninguna otra plaza. Me resigné a dejar el automóvil junto a aquella pira preparada para incinerar el *Picasso* y lo que hubiera cerca. Apagué el motor y bajé del coche. Olía a comida rancia. Eché una ojeada al entorno y descubrí que al otro lado de la calle había una nave de productos químicos. Supuse que el tufillo venía de allí. Al bajar del coche noté algo en el zapato. Se me había pegado un trozo de cinta adhesiva, una de esas que se usan para empaquetar. Traté de pisar la cinta con el otro pie y levantar el zapato en el que se había enganchado. La cinta se pegó al otro. Quise alcanzarla con la mano y levanté el talón. Tenía la llave del coche en una mano y la chaqueta en la otra, así que trastabillé hacia un lado. Hice el esfuerzo para no caerme, pero no pude mantener el equilibrio y me ladeé hacia la puerta, de modo que la cerré con el peso de mi cuerpo y a punto estuvo de pillarme los dedos que sujetaban la llave. Al tercer intento me la quité.

Fui hacia donde señalaba una flecha descolorida y al dar la vuelta descubrí la entrada de las oficinas. No tenía mejor aspecto que la zona de aparcamiento que acababa de dejar. Sobre la puerta, el letrero que anunciaba el nombre de la empresa había perdido el color original. Me pareció frágil y observé si estaba bien sujeto. No me hubiera gustado después de salvar la mano de la puerta del coche acabar recibiendo veinte puntos de sutura en la cabeza si ese letrero me caía encima. O algo peor. Aquello no pintaba bien. Pensé si no sería el presagio de lo que me iba a encontrar dentro. Apresuré el paso, crucé bajo el letrero sin mirar a lo alto y empujé la puerta. Pero ésta se abría hacia fuera. Tiré y tuve que aplicar la fuerza, ya que a la bisagra le costaba moverse. Mientras lo hacía, me vino la idea de que en ese instante el letrero se vengaría y caería sobre mi cabeza.

Entré sin llamar.

Al fondo, tras un pequeño mostrador, la recepcionista hablaba por el pinganillo. Supongo que me preguntó quién era, pero creí que hablaba con alguien del otro lado de la línea y me quedé a la espera. Ella regresó a lo que estaba haciendo. Se puso a teclear con la mirada fija en la pantalla que tenía delante. Yo paseé por el vestíbulo. Algunas cajas de cartón, en las que se guardan las resmas de folios, estaban apiladas junto a la pared, cerca del mostrador. Recordé los palés del aparcamiento y pensé que alguien tenía ganas de emular las fallas de Valencia.

Carraspeé para hacer saber que estaba allí. La chica se retiró el micro hacia la mejilla y, con un gesto tosco con la cabeza, me preguntó el motivo de mi visita. Le dije que tenía una cita con Andrés Moya. Tuve la impresión que arrugaba el ceño. Volvió a colocarse el micro cerca de los labios y habló con su jefe. Me informó que aguardara unos minutos, al tiempo que me indicó con la mano el grupo de sillones que denotaban el tapizado corroído por el desgaste.

Estaba a punto de sentarme, cuando entró Andrés por una de las puertas laterales y vino a saludarme.

—Me alegro de que hayas podido venir —dijo, a modo de recibimiento.

—Y yo de verte. Aunque no hace tanto que terminó el máster. Espero que te fuera bien.

Andrés estrechó mi mano tendida y respondió desalentado:

—El máster fue magnífico. Buen programa y buenos profesores. Sigo pensando que es una buena escuela de negocios. Pero creo que no hay escuela que solucione lo mío. Y eso que lo encontré muy interesante. Me gustó que buena parte de los contenidos estuvieran enfocados a las cuestiones operativas. Eso me sirvió para ver dónde estaba y poder pensar en los pasos siguientes.

»Después del máster, me tomé un fin de semana para diseñar los cambios que creía que eran convenientes. Incluso estuve informándome acerca de la competencia para saber cómo lo hacían. Me parece que no es tan difícil llegar a donde están ellos. Pero tengo un problema: la gente.

—¿La gente? ¿Quieres decir el personal que trabaja contigo? —insistí.

—Eso es. No sé por qué, pero cuando trato de que se hagan las cosas, no hay manera. Cada uno hace lo que le da la gana y ya no sé qué hacer. O los despido a todos o sugiero a los accionistas que cierren. No sé qué es mejor. No entiendo lo que ocurre. Aunque creo que esto no lo soluciona ni un máster. Vamos a mi despacho. ¿Has tomado café?

—Procuro no tomarlo después del almuerzo. Existe riesgo de acumular demasiada cafeína a lo largo del día.

—Pues yo la necesito en vena, créeme. Tengo que andar despierto con esta gente —respondió Andrés al tiempo que señalaba con la cabeza, desdeñoso, al recepcionista, que continuaba hablando por el pinganillo y nos veía cruzar la recepción.

Seguí a Andrés hacia la puerta por donde había llegado. La abrió y se hizo a un lado para dejarme pasar. Daba a un pasillo con despachos a un lado y otro, de esos que la mitad superior es transparente y tienen los tabiques delgados y fácilmente desmontables. Dejé que Andrés se adelantara. Caminaba con cierta pesadez, más por los kilos que debía de mover que por la edad. Creí que rondaría los cuarenta años. Por el rabillo del ojo observé a las personas que trabajaban en los despachos. Levantaban la cabeza de sus asuntos para ver quién cruzaba el pasillo y tuve la impresión de que la presencia de su jefe los intimidaba, porque enseguida hacían ver que removían los papeles. Había visitado muchas empresas y conocía muy bien ese gesto.

Llegamos al final del pasillo y Andrés abrió la puerta.

—Aquí estamos. Ponte cómodo —me invitó.

Fui hacia la mesa redonda que había en una esquina, pero noté que Andrés pasaba por detrás de su mesa en busca del sillón con reposabrazos y respaldo alto. Dejó su móvil sobre la madera. Entendí que quería hablar allí. Dejé la silla en su sitio y me senté en la butaca dispuesta delante de su mesa.

—Te agradezco que hayas podido encontrar un hueco en tu agenda. No sabes cómo necesito hablar contigo —me dijo, sin alegría en su voz.

Traté de sonreír para quitar hierro al asunto.

—Sabes que, además de impartir las clases, colaboro con las empresas como asesor en proyectos logísticos, aspectos de operaciones o de habilidades directivas, así que no tienes que agradecerme nada. Es mi trabajo.

Andrés asintió y volvió al desánimo.

—Verás, estoy en un grave problema.

—¿Cómo de grave? —pregunté.

—Te seré franco. Si no cambian las cosas es posible que tenga que echar el cierre a esto en menos de seis meses.

La verdad es que estoy seguro que no me inmuté lo más mínimo por la noticia. No sé si le sorprendió mi fría reacción, quizá sí, pero es que de un tiempo a esta parte vengo escuchando cada tres días más o menos lo mismo. Otro gerente, otra organización, pero el mismo mensaje lapidario.

—¿A ti también te ha alcanzado la crisis? —pregunté, conociendo de antemano la respuesta.

—Me ha llegado igual que un AVE sin frenos —dijo, ocurrente.

Creo que sonreí. Me subí las gafas en un movimiento que uno de mis hijos dice que es un tic, y le propuse:

—¿Qué te parece si traes un café bien cargado para ti, y un buen poleo-menta para mí? Me gustaría escuchar lo que ocurre.

Andrés tomó el teléfono y pidió a alguien que trajera lo que le había sugerido. Mientras llegaban las bebidas, comentamos algunos aspectos del máster que había cursado. Conforme avanzaba la charla, traté de hacer memoria de su presencia en las sesiones. Recordé que había asistido al cien por cien de las clases que tenían que ver con los aspectos funcionales y operativos. Todo lo que tenía que ver con el conocimiento explícito. Aunque se perdió casi todas las clases de Habilidades Directivas. El conocimiento tácito.

Me vino a la memoria que fue uno de los alumnos que faltó al bloque completo, pero como estaba en el ochenta por ciento de asistencia general, y sacó buenas notas en la suma global, obtuvo el título. Estaba claro que su fuerte era la parte técnica.

Andrés comenzó a extenderse sobre la calidad del producto que servía y decía que no entendía cómo había perdido tanta cuota de mercado.

—Y no es lo único que estamos perdiendo —confesó, en un tono de abatimiento.

Iba a seguir con su explicación, cuando se abrió la puerta del despacho y apareció una joven con una bandeja en la que traía el café y el poleo-menta.

—Perdone, pero es sólo de poleo, sin menta. No tenemos poleo-menta —dijo con una expresión y un tono que creí que lo sentía de verdad.

—Lo extraño hubiera sido que tuviéramos. Aquí siempre ocurre lo mismo: hay de lo que no se necesita y no hay lo necesario. Y mira que debe de ser difícil encontrar una infusión que tenga sólo poleo. Es un desastre —soltó Andrés, con malos modos.

Su salida me pilló por sorpresa. No era tan extraño que en la oficina de una empresa no hubiera poleo-menta. Ya era bastante que tuvieran una de las dos cosas. Así que en vez de echar leña al fuego y sumarme a la bronca con cualquier otro comentario desagradable, quise restarle importancia a la falta:

—No pasa nada. No se preocupe. Está muy bien. ¿Sabe qué? Los que tomamos estos brebajes no distinguimos el poleo de la menta...

La chica, que se había ruborizado con las palabras de Andrés, sonrió como si estuviera algo más tranquila. Dejó las cosas sobre la mesa y se retiró dando las buenas tardes. Yo respondí, pero Andrés tomó su taza y bebió el café de un trago. Luego se pasó la lengua por la comisura de los labios para limpiarse los restos y dijo:

—Bien, volvamos al asunto. Para resumirlo en pocas palabras: por un lado, han bajado las ventas; por el otro, han crecido los impagados. Por si fuera poco, tenemos los almacenes llenos de producto y los bancos han cerrado el crédito, por lo que acusamos una importante falta de liquidez.

A pesar de que intuía el porqué, quise que respondiera a mi pregunta.

—Pero hace poco me has dicho que el problema era la gente. ¿En qué quedamos?

Andrés mostró desconcierto en sus ojos. Dudó un instante. Luego pareció como si estuviera recordando cuándo lo había dicho y finalmente respondió:

—Quería decir que, además de lo que te acabo de explicar, está la gente. Que no ayuda en nada el tener que estar continuamente sobre ellos. A eso me refería.

—Ya veo… —dije, asintiendo.

Noté el olor del poleo que subía desde el interior de la taza. Alargué la mano y eché un trago largo a la tisana. El agua estaba templada y se podía beber sin quemarse uno la lengua.

—No está mal el panorama —le dije—. Pero, si te sirve de consuelo, es lo que les sucede en estos días al noventa y cinco por ciento de las empresas del país. Aunque ya sé que pensarás que no es un alivio, y que tienes que seguir trabajando para pagar los préstamos anteriores y la hipoteca. Ya lo sé. Pero sabrás que la mayoría de las empresas está pasando por esa situación.

—Supongo que sí. Pero como decías en alguna de tus clases: no mires lo mal que lo pasa tu competencia, sino lo bien que puedes pasarlo tú, haciendo las cosas mejor. Sólo que en esta situación pronto no habrá más cosas que hacer —contestó Andrés, con una buena dosis de pesimismo.

—Asumo que si me has llamado es porque quieres que te diga si creo que tiene solución tu problema, ¿no es así? De otro modo, no te habrías molestado en llamarme.

—Eso es. Quiero que me digas si crees que puedo arreglar esto —contestó rápido Andrés—. Algo así como el personaje del libro de Goldratt que nos hiciste leer. El de *La Meta*. Imagina que eres el director de Operaciones al que le dan tres meses para mejorar el resultado de la empresa. ¿Qué harías? Si ves alguna posibilidad me gustaría que nos echaras una mano. Como profesional, claro. Un proyecto de asesoría y todo eso. No tendré problema en pasar la minuta al Consejo. Me han dado carta blanca para resolver la situación.

Guardé silencio unos segundos. Sopesaba la situación. El libro de Goldratt, escrito como una novela hacía muchos años, había supuesto una revolución en el modo de entender las operaciones en una compañía. Había cambiado el enfoque de la gestión. Y seguían estando vigentes sus planteamientos. Pero Goldratt daba por supuesto algo que creía que no se daba en la empresa de Andrés: la forma en que el personaje principal de la novela se enfrentaba al dilema planteado por su jefe. El trabajo en equipo. Había visto lo suficiente en la empresa de Andrés como para hacerme una idea de lo que *no ayudaba* para nada a resolver los problemas que tuviera. Era evidente que si no quedaba resuelta, antes que nada, esa cuestión, no podría enfrentar los problemas de futuro con garantías. Lo que yo sopesaba en ese instante era si valía la pena intentarlo con Andrés.

Recordé una cita célebre y la expuse en voz alta:

—Cervantes dijo: «El hombre bien preparado para la lucha, ya ha conseguido la mitad del éxito».

—Además de literatura, Cervantes debía de saber de empresas, porque entiendo lo que quiso decir —respondió Andrés.

El comentario ayudó a decidirme. Lo miré a los ojos y le propuse:

—Está bien. Pero quiero ponerte una condición.

Andrés respondió, esperanzado:

—No hay problema. El Consejo aprobará la minuta de tus servicios.

—No me refiero a los honorarios. Quiero que lo que hagamos, lo hagamos con alguien más que no sea el propio gerente de la empresa. Si queremos encontrar soluciones quiero que se busquen dentro de la organización. Para eso necesito que participe tu primer nivel en esta primera etapa. Son a ellos a los que necesitas en realidad. Estoy seguro de que si lo conseguimos, luego podrás trabajar sin necesidad de un asesor.

—¿Mi primer nivel? —preguntó, desorientado.

—Así es, tu primer nivel: el equipo directivo. Ya sabes. Supongo que trabajas con tus colaboradores más cercanos, ¿no es así?

Por el semblante que puso adiviné que no era así. Confirmaba mis sospechas. Pero aguardé su respuesta.

—Bueno... los colaboradores más cercanos son los que se encargan de algunas de las áreas de la empresa: ventas, administración, fábrica, y cosas así.

—Cosas así. Vamos a ver... recuerdas alguno de los

organigramas típicos que te mostraron en el máster, ¿no? Me refiero al primer nivel que reporta a gerencia.

—Claro, claro, ya sé. Lo que sucede es que no los tengo formados como grupo. Despacho con cada uno de ellos según su responsabilidad, pero sólo me reportan a mí.

—Bien, entiendo. Pues esas personas con esas responsabilidades que llamamos de primer nivel son las que quiero que estén con nosotros en la próxima cita. Quiero que el grupo de profesionales se convierta en un equipo. Pero me gustaría conocerlos antes, si no te importa. ¿Puedes organizarlo?

Andrés pareció sorprendido por la petición. Aun así asintió con la cabeza, se levantó y, rodeando la mesa, salió a buscarlos. Yo me entretuve pensando en el primer problema que tenía Andrés. El problema era él mismo. Pensé que tendría algunos más, quizá una buena ración, pero había que comenzar por el principio. Luego ya se vería lo demás. Tenía claro que sin un cambio de actitud en su estilo de dirección era poco probable que encontrara el modo de implantar estrategias. Pensaba en ello cuando entró de nuevo.

—Les he avisado y ahora los tengo reunidos en la sala de aquí al lado. Es la que utilizamos para recibir a las visitas. Ahí estaremos más cómodos —dijo, desde la puerta.

Me levanté y fui tras él.

Uno de los despachos que daban al pasillo era una sala de reuniones con una mesa ovalada en el centro. Tres hombres y dos mujeres estaban sentados alrededor

41

de la mesa. Andrés me presentó al grupo como profesor en diferentes escuelas de negocio y asesor de empresas. Luego me los presentó uno a uno brevemente:

—Marc Serra dirige la fabricación en la planta; Doris Antúnez, las compras; Jesús Hidalgo está a cargo de la dirección comercial y las ventas; Mateo López, las finanzas; y Elia Rodríguez, recursos humanos.

Saludé a cada uno de ellos y traté de restar tensión a la reunión:

—Os cuento: estoy aquí porque Andrés me ha pedido que os eche una mano en la situación por la que atravesáis, pero estoy convencido que conocéis muy bien lo que sucede en la empresa, mucho mejor que yo. Pero ya sabéis cómo funciona esto: alguien llega de fuera y se le escucha. —Percibí en sus rostros que estaban de acuerdo. La comunicación gestual y el asunto del microgesto funcionaban. No se puede reprimir esa clase de comunicación. Continué—: Además, en otras muchas ocasiones los árboles no dejan ver el bosque. El día a día es tan apremiante que no deja mucho tiempo para distanciarse lo suficiente de los problemas y ver las posibles soluciones, aunque estén a un palmo de la nariz. Eso es lo que ocurre casi siempre. —Supuse que pensaban que estaba echando un capote a su jefe. Si fue así, pronto salieron de dudas, porque seguí explicando—: Otras veces, todo se complica cuando no existe un foro donde se pueda decir lo que se piensa. Un espacio en el cual uno pueda aportar ideas o puntos de vista. Opinar. En fin, ese tipo de cosas, ya sabéis... —Y debían de saber, porque por la expresión en sus facciones estaba claro que entendían muy bien lo que había querido decir. Miré a Andrés. No supe reconocer si mostraba perplejidad o interés. Estaba serio, pero su gesto era contenido. Añadí—: De un modo u otro, sea por la razón que sea, estoy aquí para tratar de ayudar. Haceros a la idea de que vengo sin ningún conocimiento previo y me gustaría que vosotros me explicarais lo que creéis que sucede en la empresa, desde vuestro punto de vista, claro.

No era verdad del todo. Andrés me había contado algo, pero quería decir que desconocía de verdad los problemas de fondo. En cualquier organización los problemas reales se pueden contar con los dedos de una mano. Lo demás son efectos. Espejismos que aparecen y desaparecen como el agua en el desierto.

Noté el desconcierto en los semblantes. O no estaban acostumbrados a que Andrés les preguntara lo que sucedía en la organización, o les daba apuro contárselo a alguien ajeno a ella.

Andrés debió de pensar que era por lo último, porque intervino:

—Hablad tranquilamente. Víctor es de toda confianza para mí, y si lo es para mí, lo es para la empresa.

Pero a esas alturas yo estaba convencido que era más bien lo primero. Andrés no hacía ese tipo de preguntas. Y cuando expusieron los puntos de vista, tuve la confirmación a mis sospechas. Tras un cruce de miradas cargadas de comunicación no verbal, Mateo tomó la palabra y explicó lo que creía que sucedía en el negocio. Después lo hizo Doris, más tarde Elia, luego Jesús y por último Marc, que parecía el más reservado de todos. Pero las aportaciones fueron simples. Las típicas cuestiones que aparecen en cualquier grupo: que si el departamento tal no hace lo que tiene que hacer, que si el área cual se limita a buscar el modo de quedar bien, etcétera. Simples espejismos. Efectos fabricados sibilinamente por el problema de fondo. El de verdad. La causa real que no apareció en ninguno de ellos, y que yo había intuido nada más bajarme del coche en el aparcamiento y que se confirmó en mi recorrido hasta la puerta: miras los alrededores y comienzas a tener la visión del jefe. Hablas con la primera persona de la organización y te devuelve, como un espejo, el reflejo del comportamiento de ese jefe. Preguntas a su equipo por las cuestiones importantes y las respuestas vacías te confirman cómo es el jefe.

Siempre sigo una máxima: una organización no tiene ninguna oportunidad si el que la dirige no ve dónde está el primer problema. Si no comprende que, quizás, el primer problema es él.

Cuarenta y cinco minutos más tarde, cuando todos habían expuesto sus puntos de vista, les comuniqué que nos veríamos de nuevo el jueves de la semana siguiente para comenzar a trabajar.

Me despedí de ellos y luego de Andrés, que quiso tirarme de la lengua para conocer por dónde arrancaríamos, pero hice como si no le hubiera oído y salí al aparcamiento en busca del coche. El olor a rancio me recordó dónde lo había dejado.

Esa noche, ya en casa, batía los huevos para hacer la tortilla y pensaba cómo enfocar las sesiones de trabajo. Saltó una pizca de clara y manchó mi camisa. Recordé las veces que Teresa, mi mujer, me había dicho que me pusiera el delantal cuando cocinara. Aunque era demasiado tarde, lo descolgué de detrás de la puerta y me lo puse. Tomé de nuevo el cuenco y batí. La espuma comenzó a subir y volqué la mezcla en la sartén caliente. El líquido se repartió por el fondo y comenzó a espesar.

Noté que algo me tocaba la parte baja del pantalón y vi que era *Tigre*, la mascota de mis hijos, que se restregaba contra la pernera. El minino levantó la cabeza y de repente dio un salto y subió sobre la encimera de la cocina. Miré ipsofacto hacia la puerta. Si entraba mi mujer se armaría la gorda. *Tigre* tenía prohibido subirse al mármol. Con el único con el que se atrevía a hacerlo era conmigo. El minino era listo, sabía que una vez allí arriba, sólo tenía que alzar la mirada hacia mí, maullar lánguidamente un par de veces, y yo le ofrecería un pellizco de lo que estuviera cocinando. Dejé resbalar la tortilla en el plato llano, tomé una punta pequeña y se la mostré al minino.

—Cómelo y desaparece. No quiero líos. Si ella te ve, le da un patatús.

Al gato no pareció asustarle el aviso, más bien se lo tomó con calma: se acercó despacio, olfateó por encima la mercancía, como un gourmet exquisito que pudiera escoger el bocado, y mordisqueó mis dedos, haciendo ruido con la lengua igual que si degustara el plato, satisfecho. Miré de reojo hacia la puerta, temiendo que de un momento a otro entrara ella desde el salón, donde ayudaba al pequeño con los deberes del cole. Si llegaba a la cocina y veía lo que estaba haciendo *Tigre*, mi matrimonio entraría en crisis temporal.

Crisis. Esa palabra me llevó de nuevo al asunto de la reunión con Andrés y su equipo. Decía que tenía dificultades y le había llegado la crisis. La verdad es que Andrés no estaba viendo el asunto en función del significado real de la palabra. Crisis es una palabra que viene del griego κρισιζ (*krisis*), y que significa «rompimiento», «cambio», lo que quiere decir que no implica necesariamente cambio a peor, sino sólo rompimiento y cambio, sin adverbios ni adjetivos. Depende de lo que queramos hacer en ese cambio, de cómo queramos enfocarlo para que tengamos la posibilidad de ir a mejor de como estábamos antes. Existe esa posibilidad.

La mayor parte de las empresas que han sufrido crisis agudas y han reaccionado planteándose la posibilidad de tomar un nuevo camino, han alcanzado el éxito en lo que se han propuesto. Por el contrario, las que se han empeñado en tratar de hacer lo mismo y del mismo modo, no encuentran la vía de salida.

En el estudio del individuo se conocen crisis del desarrollo y crisis circunstanciales. Los psicólogos y psiquiatras nos dicen que las del desarrollo son más fáciles de predecir, porque tienen que ver con etapas como: nacimiento, infancia, pubertad, juventud, mediana edad (conocida como de los cuarenta), etcétera. Y todos los seres humanos las viven. En cambio, las circunstanciales llegan de repente. Son inesperadas. Llegan sin previo aviso. Lo que me hace pensar que las etapas del desarrollo del ser humano son parecidas a las etapas del desarrollo de una empresa. También hay nacimiento, infancia, pubertad... (todo el mundo habla de cuando un producto o una empresa llegan a la madurez), y si es así, el responsable que se preocupa de mirar hacia el futuro, y no se deja arrastrar por el presente, puede predecir la crisis y evaluar las alternativas posibles. Por otro lado, las crisis circunstanciales son escasas. La repentina llega cuando no se ha tenido en cuenta la etapa de desarrollo o no se ha tenido contacto con el entorno en el que se lleva a cabo el negocio. Por ejemplo, el responsable no se ha preguntado nunca qué mercado es el suyo. Qué producto quiere ofrecer a ese mercado y qué tipo de organización necesitará para hacerlo. No cabe duda que un atleta que corre pruebas de velocidad tiene un entrenamiento muy diferente del que se decide por correr la larga distancia. El fondo requiere otro tipo de entrenamiento. Igual que la empresa necesita una estructura u otra dependiendo de qué es lo que se quiere hacer en ese mercado.

Lo que estaba claro en el caso de Andrés es que, si no hubo manera de evitar que llegara la crisis, habría forma de salir de ella. Y el camino comenzaría por aprender a desempeñar un estilo de liderazgo que pueda ayudar a alcanzar los objetivos. Había que comenzar por ahí. Pero tenía que hacerlo de un modo que resultara eficaz.

Andrés necesitaba aprender cómo aprovechar las sinergias de su equipo. No sólo para la situación que vivía en esos momentos. Y debía de ser a través de un modelo que le hiciera reconocer con claridad sus debilidades, pero también sus fortalezas. Además, el método de trabajo que utilizara debía de lograr un objetivo que resultara útil en el futuro. No sólo para una situación difícil. Tenía que servir para la gestión en cualquier escenario.

Tigre arrebañó mis dedos con la lengua y la sensación húmeda hizo que volviera al presente. El gato se revolvió, saltó al suelo y buscó mi pierna. Levantó la cabeza como si quisiera decirme algo, maulló débilmente y se frotó con gesto agradecido. Lo aparté con suavidad para que me dejara moverme sin tener que pisarle el rabo. *Tigre* ronroneó de placer. Iba a empujarlo hacia la puerta cuando de pronto me llegó la idea, *El gato del gurú*. Era un cuento sufí que hablaba de los efectos de la costumbre. Según parece, cuando cada tarde se sentaba el gurú para las prácticas del culto, siempre andaba por allí el gato del *ashram* distrayendo a los fieles. De manera que el gurú pidió que ataran al gato durante el culto de la tarde. Mucho tiempo después de haber muerto el gurú, seguían atando al gato durante el culto. Y cuando el gato murió, llevaron a otro gato para atarlo durante el culto vespertino. Siglos más tarde, los discípulos del gurú escribieron doctos tratados acerca del importante papel que desempeñaba el gato en la realización de un culto como es debido. O sea, que la costumbre puede llevarnos a los absurdos más grandes. Era un buen ejemplo para poder explicar que no podemos quedarnos haciendo lo de siempre cuando lo de alrededor cambia. Hay que moverse.

Entonces me vino a la cabeza otro cuento sufí que habla de la inacción y sus consecuencias. Se llama *El zorro inválido* y cuenta que un hombre vio a un zorro inválido y se preguntó cómo haría para alimentarse. Lo siguió y comprobó que se había instalado cerca del lugar donde solía ir un león a devorar sus presas. Vio que el zorro aguardaba a que el león terminara, luego se acercaba y arrebañaba las sobras.

El hombre pensó que quería ser igual, que el destino lo alimentara. Se marchó a un pueblo, se sentó en una calle a esperar, pero pasó el tiempo y no sucedió nada. Estaba cada vez más débil, cuando escuchó una voz interior que le dijo: «¿Por qué quieres ser como un zorro que busca la manera de beneficiarse de otros? ¿Por qué no ser como un león para que otros se beneficien de ti?». Estaba claro. La moraleja tenía que ver con la necesidad de ser proactivos. Que no vale aguardar a ver qué es lo que hacen los demás, sino que hay que buscar el camino propio. En fin, ese tipo de relatos que se utilizan tanto en la literatura para ayudar a ver los conceptos que conviene tener en cuenta para mejorar. No estaba mal, pero era un camino muy trillado el de los cuentos sufíes como para querer utilizarlo en la empresa de Andrés. Tenía que pensar en algo diferente.

El gato siguió con lo suyo. Levantó la cabeza y me miró de nuevo, en un gesto claro. No tuve más remedio que agacharme y recogerlo del suelo. El minino se dejó hacer. Le pasé la mano por la cabeza. Ronroneó de gusto. Entonces me vino la idea. No echaría mano de ningún relato. Escribiría yo mismo una historia diferente. Una historia que pudiera entretener y al mismo tiempo que mostrara lo que quería enseñarles. Y como complemento, usaría el método de Sócrates para que se les fijaran los conceptos. Eso es lo que haría.

Mientras me deleitaba en mis pensamientos y acariciaba la rabadilla de *Tigre* se abrió la puerta y apareció Teresa.

Al ver al gato en brazos, soltó de un tirón:

—¡Creí que estabas adelantando las tortillas! ¡Ya sabes que no quiero que ande el gato en la cocina! ¡No es higiénico! ¡Sácalo de aquí ahora mismo! —Lo dijo haciendo ver que estaba más enfadada de lo que en realidad estaba. Pero no me molestó lo que dijo ni cómo lo dijo. Era su modo de llamar la atención sobre la necesidad de higiene con los alimentos. Sólo eso. Nada tenía que ver con que hubiera tardado tanto tiempo en hacer unas simples tortillas. Ella sabía de mis escasas dotes culinarias y yo conocía bien sus habilidades para resolver varias tareas a la vez. No hacía mucho que había leído que hay un centro nervioso que une las dos mitades del cerebro, el cuerpo calloso, y éste es más grueso en las mujeres. Los científicos han comprobado que esa diferencia les brinda la habilidad de la multitarea. Y en eso estaba Teresa en ese instante. Tomaba el relevo en los fogones y en pocos minutos tendría una cena, con algo más que tortilla, pero al mismo tiempo estaría planificando el almuerzo del día siguiente, tendría muy claro qué ropa llevarían los niños al colegio, e incluso los movimientos de recibos que haría en los bancos a lo largo de la semana. Me quedé un instante embelesado mientras observaba los movimientos precisos delante de las cazuelas y no tuve ninguna duda de que su cerebro era tan efectivo como limitado el mío.

Tomó la misma sartén, la colocó sobre el círculo de la vitro que señalaba el fogón y soltó un chorro de aceite en el fondo para hacer la segunda tortilla. Colocó una cazuela sobre el segundo fogón, y escanció una pizca de aceite de oliva. Puso la madera sobre el mármol, cogió una cebolla que peló en tres movimientos, la cortó con golpes suaves pero rápidos y, cuando estuvo troceada, la tomó con el ancho del cuchillo y la volcó en la cazuela. No había comenzado a freír cuando ya estaba en lo siguiente.

Aproveché y salí de la cocina canturreando y con el gato en los brazos, contento por haber hallado el método que usaría en la empresa de Andrés. Solté el gato y fui a mi rincón de trabajo. Tenía cierta práctica para dar forma a los relatos, ya que en mi tiempo libre escribía cuentos y libros. Abrí el portátil, decidido, y me dispuse a escribir. Tenía algo más de una semana por delante; tiempo suficiente para narrar una historia que me ayudara a alcanzar el objetivo.

A la semana siguiente, el jueves a las diez de la mañana, me encontraba en la sala de trabajo con Andrés y su equipo. Los seis aguardaban expectantes para ver qué tenía que decirles el asesor. Imaginé sus pensamientos: «¡Otro asesor! Uno más que viene a sacarle los cuartos para contarle lo que todo el mundo ve que hay que hacer». Andrés me había dicho que no era la primera vez que pedía ayuda a una consultora con resultados poco alentadores. Después de unos días de incordio, en los que un par de consultores jóvenes los habían freído a preguntas, la consultora había presentado un grueso informe que había ido a parar al último cajón de la mesa de Andrés. Y de allí no había brotado ninguna solución. Supuse que pensarían que, una vez más, sucedería lo mismo.

Quise sacarlos de dudas:

—Quiero que sepáis que no pienso escribir ni un folio. Tampoco voy a utilizar el método del caso. Ya sabéis, eso que se utiliza tan mal y tan a menudo en las escuelas de negocio. Tampoco haré un análisis de la situación. En vez del típico dossier con el diagnóstico y todo lo demás que ya conocéis, vamos a trabajar de otro modo: pienso contaros un relato y seréis vosotros los que daréis con las claves de la historia. El resultado nos servirá para asentar la metodología para comenzar a trabajar en la búsqueda de soluciones. Pero quiero que penséis que si no damos con las claves, cualquier cosa que se nos ocurra hacer está condenada al fracaso. Esto va muy en serio para Andrés, pero vale la pena que todos toméis nota.

Ninguno de los presentes, incluido Andrés, logró ocultar su sorpresa. El mismo gerente descubrió las miradas furtivas entre los suyos y no supo qué decir.

—¿Un relato? —preguntó, confuso.

Sonreí, mientras colocaba el portátil sobre la mesa.

—Así es. Un relato.

Me divertía la situación.

Doris, Mateo y los otros miraron a su jefe, como preguntándole si sabía de qué hablaba el asesor. Andrés carraspeó, tratando de recordar si en las clases del máster había oído algo por el estilo.

—Me viene a la cabeza que es un recurso que se utiliza en los centros de formación, para introducir conceptos y fijarlos bien —dijo Andrés—. Lo del queso que persigue el ratón o el de la buena estrella o algo parecido.

—Así es. Pero éste va dirigido al problema acuciante que tienes. A su principal causa. Y vamos a aprovechar que el recurso funciona si se lleva a la práctica, sólo que lo haremos con un relato nuevo.

Aquello pareció interesar al grupo. Andrés preguntó:

—¿Ah, sí? ¿Y cómo se titula?

—Os lo digo enseguida. De hecho es lo primero que leeré del cuento, su título. Prestad atención.

Y me dispuse a leer *El líder de Atapuerca*.

53

**Tierras frías de la actual Europa.
Algún lugar al norte de la península Ibérica.
Hace 40.000 años.**

Hace 40.000 años tuvo lugar una crisis profunda que puso en juego el futuro de la raza humana. Por un tiempo, la pervivencia de los hombres estuvo amenazada y la solución a su futuro quedó en manos de un pequeño grupo de hombres y mujeres.

La historia que viene a continuación nos lleva a su época y al lugar donde vivían. Y, aunque hace mucho que esto ocurrió, veremos que los sucesos encierran en sí mismos la semilla de lo que se repetirá muchas veces a lo largo de nuestra historia. Tiene que ver con lo que hicieron aquellos seres humanos para dar con la solución al dilema. Y tiene que ver con lo primero que debemos hacer para salir de tiempos difíciles.

Viajemos en el tiempo y sigámoslos. Mirad... Un grupo reducido acaba de salir de caza. Son hombres que caminan algo encorvados, están desnudos, descalzos y van en silencio, aunque no pueden evitar que de vez en cuando se escuche el crujido de un tallo seco que rompe los sonidos habituales de la sabana.

A pesar de sus piernas cortas y robustas, Nean se movió sigiloso por entre las hierbas secas y altas y levantó la cabeza para ver el uro que, a solas, e ignorante de lo que ocurría alrededor, pastaba tranquilo a escasos pasos de donde él se hallaba. Nean olfateó el aire, miró a la derecha y entre los tallos divisó una forma difusa apostada a la espera de la señal. Volvió la vista hacia el lugar donde hallaría oculto a otro de los cazadores. Pero no estaba. La quijada se le tensó tanto que si hubiera tenido un pedazo de carne seca en la boca, la hubiera cortado con limpieza. Ya no podía hacer nada. Se hallaba demasiado cerca de la presa como para tomar medidas. Arrugó el ceño. Estiró la mandíbula prominente, como si buscara notar en ella una brisa que no corría, y se recortó contra la hierba su frente huidiza y la falta de mentón. Movió la gruesa y afilada rama que tenía en la mano y la afianzó por el punto que le ayudaba a balancearla en el tiro. Inspiró profundamente y se levantó de pronto. El uro elevó la cabeza armada con dos cuernos afilados, curioso y tranquilo, con la boca llena de hierba, rumiando todavía, como si no supiera lo que había de ocurrir. Nean gritó y fue la señal para que los que estaban cerca se levantaran. El uro notó el trasiego alrededor y se movió inquieto, tratando de escapar de la trampa, pero ya era viejo y las patas no le respondían con ligereza. Nean estiró el brazo hacia atrás todo lo que pudo y lo llevó con todas sus fuerzas hacia delante al tiempo que soltaba la lanza. La vara gruesa silbó en el aire, cimbreando, y la punta golpeó cerca de la panza del animal, rebotó en su cuero reseco y cayó a los pies del uro, que soltó un gruñido grave. Volaron un par de lanzas más, pero rebotaron sobre la piel de los cuartos traseros. El uro corrió en busca de un lugar seguro y Nean salió tras él, seguido del resto de los hombres.

Tras una larga carrera, alcanzaron al viejo uro que resoplaba. Nean fue hacia uno de los cazadores que venían con él, le arrebató el arma y la lanzó contra la barriga del animal, allí donde el pellejo tenso era más fino. Esta vez se clavó un palmo y el uro bufó. Los otros cazadores se movían de un lado al otro como si no tuvieran claro qué debían hacer. Miraban al uro y luego desviaban la mirada hacia su jefe. Nean gruñía tan fuerte como el uro y saltaba a su alrededor, haciendo gestos con los brazos a sus hombres, que iban y venían alrededor del animal con las ramas afiladas en la mano sin decidirse a lanzarlas. Su jefe hizo un movimiento violento con el brazo como si arrojara una lanza inexistente, indicando a los suyos que lanzaran las suyas. Algunos lo hicieron. Una se clavó en la parte baja del cuello del animal. El uro bramó, gravemente herido. Perdió la fuerza en sus patas traseras y se desplomó al suelo babeando sangre. Al derrumbarse de repente, una de las lanzas pasó rozando el crespón de pelo oscuro que le recorría el largo de la espalda y se clavó en el pecho del cazador apostado al otro lado. El hombre gritó, pero su grito no impidió que los demás continuaran con la tarea más importante: rematar la presa que bufaba en el suelo, que movía las patas dobladas, sacudía los cuernos a un lado y otro y soltaba cuajarones de sangre por la boca entreabierta.

Nean se aproximó con una piedra afilada en la mano, levantó la quijada desafiante, como si quisiera mostrar al resto de su clan lo que era capaz de hacer, y le asestó un golpe que le abrió un tajo profundo en medio de la testuz. Los hombres gritaron a su alrededor, jaleándole para que asestara el siguiente. Nean golpeó de nuevo y esta vez le dio al lado de la oreja y saltó hacia atrás para evitar los cuernos. El uro bramó, sacudió el cuerpo y lo restregó sobre el suelo moviéndose de lugar con sacudidas violentas. De pronto, revolvió la cabeza hacia el cazador que tenía más cerca. Lo enganchó con el asta por la parte alta del muslo y volteó los cuernos hacia el otro lado. El aullido del hombre se mezcló con el del animal y el cazador cayó a un lado con un enorme jirón de carne colgando de la pierna.

El cazador se miró el desgarro y gritó. Se echó mano a la carne desprendida por donde brotaba un chorro de sangre como el que salía de la testuz del animal. Trataba, desesperado, de pegarse el pedazo contra la pierna. Uno de sus compañeros tiró de él para quitarlo de en medio y cayó al suelo algo más lejos. El resto de cazadores estaban ocupados con el uro. Uno de ellos saltó encima del animal y golpeó sobre la piel dura con una piedra. Otro lo siguió e hizo lo mismo. Tres más saltaron sobre su cabeza y hendieron las piedras afiladas en su cráneo hasta que dejó de moverse. Una vez seguros de que estaba muerto, fueron en busca de las lascas de piedra y comenzaron a sajar la piel para luego trocear la presa.

Mientras tanto, Nean se acercó al herido que tenía aún la lanza clavada en el pecho, por debajo de la tetilla izquierda y muy cerca de la axila. Respiraba con dificultad. Nean lo miró a los ojos y el cazador supo lo que el jefe del clan se disponía a hacer. Plantó el pie en su pecho, tomó la madera y tiró de ella. La punta hizo un ruido extraño al desclavarse. El hombre gritó y se llevó la mano a la brecha abierta. Otro de los cazadores llegó corriendo y le taponó la herida con una bola de hierbas. Luego, muy rápido, pasó una tira ancha de piel por encima y lo volteó para cruzar por su espalda una de las puntas, que ató fuerte con la otra, de modo que la carne se comprimió contra el hatillo de hierbas y dejó de brotar la sangre. El herido no se quejó en ningún momento, pero las potentes mandíbulas le chasqueaban sin poder evitarlo y le temblaba todo el cuerpo, como si estuviera de guardia en la entrada de la cueva en una noche blanca.

Los hombres tenían despedazado al uro. Nean fue a ver al cazador que permanecía en el suelo con la herida en la pierna. Estaba en silencio y sujetaba la carne desprendida contra la parte alta del muslo. Ya había un gran charco rojo alrededor y los ojos del hombre le dijeron que no hacía falta gastar una bola con él. No había brillo en sus pupilas, que trataban de escapar bajo las cejas abultadas aunque el hombre hacía esfuerzos para que no lo hicieran. Pero al poco se rindió, hizo un movimiento brusco con los pies y dejó de respirar. Nean se volvió hacia los hombres. Unos cuantos cargaban pedazos de carne, amarrados con tiras de cuero a sus espaldas, y el resto cargaba al herido en una hamaca trenzada de vegetales que estaba sujeta a una rama larga y pelada que habían fabricado a toda prisa. Nean estaba a punto de darles la señal de partida cuando se oyó un gruñido. Los pequeños y fuertes cazadores miraron a su jefe, quien hizo una seña a dos de ellos para que fueran a ver a qué distancia se encontraba el mamut.

Los dos hombres corrieron hacia el sur. En medio de la carrera pensaban en su mala suerte. Aún recordaban la última vez que se habían enfrentado a uno de aquellos gigantes. A pesar de tenerlo acorralado, había matado a tres hombres y pudo escapar. Después de un rato de camino, dieron con él. El mamut recogía las hierbas altas con su trompa y las llevaba en manojos grandes a su boca, por debajo de los colmillos largos y afilados. Al percibir la presencia de los cazadores, dejó de masticar, levantó la cabeza y olisqueó el aire. Los hombres, nerviosos y asustados, alzaron las suyas por encima de los tallos, tratando de comprobar si el animal estaba solo. Tenían que contarlo a los del clan. Si había mamuts cerca, querrían conocer el número y también si se dirigían hacia su territorio en busca de comida. De ser así, irían con cuidado para poder evitarlos cuando salieran de caza.

De repente escucharon ruido a sus espaldas, pero ya era tarde; cuando se giraron para escapar, llegó un segundo mamut con la cabeza baja. Al cazador que quiso correr hacia la izquierda, le entró la punta del colmillo por la parte baja de la espalda y se escuchó el chasquido cuando partió su columna. El hombre lanzó un grito espantoso, y el mamut lo sacudió en el aire hasta que cayó reventado más allá. El otro estaba paralizado por el miedo y, a pesar de intentarlo, no pudo echar a correr. El mamut se dio la vuelta y fue hacia él, lo ensartó por el estómago y continuó corriendo hacia su pareja con el cazador colgado de sus colmillos, que gritaba y pataleaba en el aire. El mastodonte lo lanzó igual que si fuera un objeto molesto que se le hubiera enganchado en los largos cuchillos de marfil.

Mientras tanto, los gritos de los hombres habían llegado hasta el resto del grupo y Nean no aguardó para ver si regresaban, ni hizo ademán de lanzarse en su ayuda. Dio la señal, alzaron al herido, y el grupo de supervivientes corrió con la carga a paso ligero. Pero el herido sufría los vaivenes aferrado a las ramas para no caer y murió mucho antes de alcanzar la cueva de donde habían partido cuando el sol aún no había asomado tras las colinas.

Esa noche los del clan estaban reunidos alrededor de la gran hoguera. Las llamas se elevaban hacia el alero de piedra de la depresión que los cobijaba, como si fuera la entrada de una cueva. El humo tiznaba de negro la piedra, de modo que el techo se confundía con la negrura exterior de la noche, y una parte llenaba el lugar haciendo toser a los más viejos. Algunos pedazos de carne estaban ensartados en palos afilados que se inclinaban hacia el calor del fuego. Los más cercanos mostraban la carne chamuscada.

Uno de los hombres del clan, un cazador llamado Antas, dejó de masticar, engulló casi entero el pedazo de carne y con sus gruñidos guturales, como graznidos broncos y sonoros, acompañados de gestos tajantes, hizo saber a los demás:

—Las cosas se ponen más complicadas cada día. Las presas son difíciles de cazar. Cada vez son más grandes. La sabana se ensancha y los espacios se hacen más abiertos. Ya no hay arbustos que nos cubran cuando nos acercamos a la presa. Ni tantos árboles. Además, los uros desaparecen y sólo quedan los más viejos. En cambio han llegado esas bestias que no podemos cazar. Creo que es tiempo de hacer un cambio y tenemos que buscar soluciones.

Nean dejó de masticar de repente la carne correosa y miró al hombre. Levantó su fuerte mandíbula hacia él y olfateó el aire tres o cuatro veces. Los hombres y mujeres que componían el clan, unos treinta, voltearon las cabezas hacia Nean y luego se cruzaron las miradas entre ellos pero ninguno abrió la boca ni hizo un gesto para respaldar lo que había dicho Antas. Los seis niños del clan, ajenos a la importancia del momento, jugaban metiendo ramas entre las brasas y asustándose unos a otros con los palos al rojo.

Nean respondió al hombre emitiendo los ruidos ásperos que formaban parte de su lenguaje:

—Si nos movemos de aquí tras las manadas estaremos en peligro. Otros clanes nos seguirán para que les abramos camino y se quedarán con las piezas y con todo —remarcó mirando hacia las mujeres. Luego concluyó—: No debemos movernos de aquí. Ya os lo he dicho en otras ocasiones. Soy el que conoce lo que es mejor.

El clan comía los pedazos de carne en silencio. Pero Antas volvió a insistir con sus gruñidos secos:

—Las armas que tenemos ya no sirven contra ellos. Rebotan como si dieras contra una piedra. No estoy dispuesto a dejarme matar como Gorg y Muto. Necesitamos un cambio, y si no lo haces tú, tendremos que escoger a otro.

Los hombres del clan levantaron sus voces para apoyar lo que acababa de decir Antas. Hacían gestos con los brazos en señal de protesta, acompañando los movimientos de sus cabezas con la sacudida de sus grandes manos abiertas. Había un descontento general y hasta los niños, que al escuchar el alboroto habían dejado de jugar, gritaron como lo hacían los cazadores sin saber lo que querían decir.

Nean se movió igual que en la caza. De un salto se plantó delante de Antas, y con la piedra que afianzaba en su mano le asestó un golpe en el lado derecho de la frente, que le rompió el cráneo como si fuera una de aquellas frutas que recogían las hembras. Antas se desplomó igual que un fardo de bayas y había muerto antes de tocar el suelo. El clan enmudeció. Su jefe observó al resto con la piedra afilada en la mano. Pero ninguno de ellos hizo ademán de moverse.

Una mujer se escurrió de entre las otras y zarandeó el cuerpo inerte de Antas como si quisiera despertarlo. Lo hacía con gemidos apagados que se mezclaban con el ruido de los hombres al masticar y los molestos gritos de los niños que habían vuelto a sus juegos. El resto de las mujeres aguardaban a que les dejaran algún pedazo de carne que les sobrara a los machos hambrientos, mientras se rebuscaban unas a otras, entre los pelos revueltos, los pequeños insectos que se llevaban rápido a la boca donde los hacían estallar entre los dientes.

Dejé de leer y aparté la mirada de la pantalla para ver al grupo. Los seis estaban atentos, se notaba que habían estado escuchando y sus ojos luminosos me decían que aún revivían en sus cabezas las escenas del relato.

—No ha terminado, pero quiero que antes de seguir revisemos algunas cosas —les dije—. Veamos, ¿qué creéis que ha sucedido con el clan?

Doris, Mateo y los otros se miraron entre ellos, alguno echaba mirada rápidas hacia Andrés, pero al ver que yo aguardaba, Elia rompió el silencio y dijo contundente:

—Es un clan tan roto como la cabeza de Antas.

—¿Eso crees? —pregunté con intención.

—Parece que Nean no controla lo que sucede —insistió ella.

—O lo controla, pero de una manera muy particular —dijo Jesús.

Marc se animó:

—Creo que tienen muchas dudas. Para mí que no saben lo que les depara el futuro, y eso les provoca ansiedad.

Andrés respondió de inmediato:

—Parece que no tienen mucho interés en conocerlo. Nean les ha explicado lo que puede suceder en caso de buscar otros lugares.

Mi objetivo para el desarrollo del proyecto era que la opinión de Andrés fuera una más en el grupo. No la del gerente. Que no prevaleciera sobre los otros por ser la voz del jefe. Así que busqué que intervinieran los demás y lo hice jugando con la idea de que todos ellos tomaran confianza y rebatieran si era necesario el punto de vista de Andrés. Así que le refuté el argumento.

—No tengo tan claro que eso sea lo que sucede en realidad. Parece que no es tanto que él explique lo que piensa, como que no esté eliminando la incertidumbre.

Jesús recogió el guante y quiso aportar su punto de vista.

—Yo también lo veo como Víctor. Más que saber lo que les depara el futuro, yo creo que lo peor es que no saben el camino que tienen que seguir. En caso de tener que moverse de la zona, qué deben hacer, hacia dónde.

Mateo carraspeó para intervenir y le hice un gesto con la cabeza para invitarlo a tomar la palabra.

—No saben qué camino tomar.

—No está mal, Mateo. ¿Tenemos un nombre moderno, actual, con el que bautizar lo que sucede? Tiene que estar relacionado con temas de organización.

Pareció que meditaban unos segundos, pero Doris saltó rápida:

—Rumbo. No tienen rumbo.

—¡Bravo, Doris! El clan no tiene rumbo. ¿Estáis todos de acuerdo con Doris? —pregunté pasando la vista por todos ellos.

—Cuando digo rumbo, quiero decir que no son capaces de ver lo que les conviene. El camino, la dirección... No sé si me explico... —apostilló Doris tratando de eliminar posibles confusiones con la palabra.

Mientras que los demás afirmaron convencidos, Andrés lo hizo un poco a remolque de lo que había dicho la mayoría. Pero asintió con ellos.

—Bien. Ya tenemos algo: el clan no tiene un rumbo. Pero ¿cómo encaja esto en una organización? ¿Qué creéis que surge de ese concepto?

—Que si la organización tiene una meta, es necesario que conozca el rumbo. La dirección que debe tomar para alcanzarla —dijo Elia.

Sonreí. Había enlazado bien ambos conceptos.

—Y ¿cuál creéis que es la meta del clan de Nean?

—¿Meta es lo mismo que objetivo? —preguntó Elia.

—Ambas son sinónimos. En general hablamos de metas o de objetivos para expresar lo mismo. Verás que aquí lo haremos continuamente —aclaré a Elia y a los demás.

—Para mí está claro: sobrevivir —anotó, conciso en sus palabras, Jesús.

Observé la reacción de Andrés. Parecía incómodo por no poder decir nada y al mismo tiempo creí que estaba sorprendido porque los suyos no paraban de intervenir. Aproveché el momento.

—Entonces, podemos hablar de un axioma. ¿Qué dices, Andrés?

—¿Qué entiendes por axioma? —preguntó Jesús.

—Un axioma es una verdad que no es susceptible de demostración, porque es evidente. Algo obvio. Aunque reconozco que aquí llamo axiomas a las conclusiones, para darles más fuerza. Para que nos queden muy grabadas. Es como si dijéramos: no se puede hacer de otra manera, es necesario hacerlo de este modo o que se cumpla esta condición para que funcione.

Me volví de nuevo hacia Andrés.

—¿Qué me dices, Andrés?

Andrés meditó un instante y luego respondió convencido:

—Que toda organización necesita metas y un rumbo para poder alcanzarlas. El que no sabe adónde se dirige, no puede escoger la vía que lo lleve. Podría tomar uno entre cien y no ser el camino que hubiera tenido que escoger. Si no conoce la meta, ¿qué dirección debe seguir?

Me gustó cómo sonaba.

—De momento me quedo con la primera parte —respondí.

Miré a los demás, el grupo asentía. Me moví hacia la pizarra y anoté en mayúsculas:

Primer axioma
SIN META NO HAY CAMINOS, SÓLO ENCRUCIJADAS

—Sabéis que cuando Alicia, la niña del País de las Maravillas, parece perdida en el bosque y le pregunta al gato de Cheshire qué camino debe escoger, éste le responde: «Depende de adónde quieras ir». Alicia le dice que no sabe adónde va, y el gato contesta: «Entonces no importa el camino que escojas». Es justo lo que sucede en una empresa: primero se debe tener clara la meta para poder marcar los objetivos. Una vez conocidos los objetivos, podremos escoger *el* o *los* caminos para alcanzarlos. ¿No es así? —pregunté, volviéndome desde la pizarra.

Todos asintieron.

—Desde luego —apuntó Doris—. Cuando no se sabe dónde está el lugar adonde nos dirigimos, ¿cómo vamos a escoger una ruta? Ni idea. Hacemos una excursión y tomamos la primera senda que encontramos nada más dejar el coche. Es probable que acabemos perdidos. La cosa se complica si estás en medio de un bosque, metido entre la fronda, con mucho matorral alrededor. Da igual hacia dónde te dirijas, acabarás perdido de cualquier modo.

—Eso es lo que quiere decir el axioma, Doris. Estás en lo cierto. ¿No es verdad? —pregunté para asegurarme de que todos lo entendían así.

Volvieron a asentir.

—Bien, otro tema: si pensáis que el clan de Nean no tiene rumbo, ¿de quién creéis que es la responsabilidad? —quise saber de nuevo.

—De Nean —contestó Mateo.

—Está claro. Estoy de acuerdo. Es de Nean. ¿Y quién es Nean en ese clan?

—El jefe —dijo Andrés.

—Así es. Ése parece que es su papel. Pero ¿podríamos darle un título más en sintonía con los tiempos modernos?

—Un *führer* —soltó Elia, y todos reímos con el chiste.

—Líder —propuso Doris—. En una organización su papel sería el de líder.

—¿Creéis que Nean es un líder? —pregunté abiertamente.

Doris aclaró:

—No he dicho que lo sea, he dicho que su papel debería ser el de un líder. Pero no creo que lo sea.

—¿Estáis de acuerdo con lo que dice Doris? —pregunté, y durante unos segundos miré a Andrés a los ojos para constatar si estaba o no de acuerdo.

Andrés se revolvió incómodo en la silla. Yo estaba todavía junto a la pizarra, podía mirar por encima de sus cabezas y observar los pequeños movimientos de cada uno de ellos. Eso me permitió percibir la rápida mirada que Mateo cruzó con Jesús.

Invité a Andrés a que dijera algo:

—¿Qué opinas tú, Andrés?

—Hombre, yo creo que es el jefe quien tiene que velar porque no falte comida en el clan. Desde ese punto de vista, me parece que sí es un líder.

—Voy a ser provocador. Busco sinceridad de vuestra parte. Estamos aquí para ver cosas que nos sirvan, así que pido el punto de vista franco. No importa lo que opine Andrés o cualquier otro. Para nosotros tiene que tener la misma validez. Al menos para mí la tiene. Y creo que debe ser así para todos. Quiero oír si estáis de acuerdo con Andrés o con Doris. Me gustaría escuchar el argumento que tiene Doris para afirmar que Nean no es líder —acabé de decir.

Miré a Doris.

A pesar de que no parecía estar muy relajada, la chica dijo lo que pensaba:

—Un líder es precisamente quien percibe hacia dónde debe encaminarse su gente. El que muestra a los demás el camino a seguir… No entra tanto en si corres más o menos, siempre que llegues a tiempo. —Volvió la vista hacia Jesús, vio que estaba tan atento como los demás, y añadió—: Creo que es quien tiene que marcar el rumbo, la dirección que se debe seguir, y lograr que los otros lo acompañen, pero Nean no hace nada de esto.

—Estoy de acuerdo, Doris. De ahí podemos anotar su axioma. Éste tiene que ver con el rumbo, o sea, la estrategia, que es el camino que se escoge para alcanzar la meta. Voy a dejar lo más claro posible lo que dice Doris:

> **Segundo axioma**
> EL LÍDER NO DEBE MARCAR EL PASO, SINO EL RUMBO

Me volví desde la pizarra:

—Creo que recoge parte de lo que ya había apuntado Andrés y también tus propias palabras, Doris. ¿Es así? —pregunté a la joven. Asintió con un gesto de la cabeza y volví a preguntar—: ¿Algún síntoma que te haga diagnosticar tal cosa?

—Cuando está a punto de dar la orden de atacar a la presa, se da cuenta de que los cazadores que debían estar en el lugar asignado, no están en su sitio.

—Bueno, te concedo la segunda parte. No ha hecho que lo sigan, pero no veo que no haya marcado el rumbo. Están en el lugar donde se halla la presa. Tengo que suponer que la visión de Nean es hacerse con comida para el clan —dije con ánimo de sembrar polémica.

—Estoy de acuerdo con Doris —intervino Elia—. Nean no ha marcado el rumbo. Marcar el rumbo va más allá de llevar al clan hasta el objetivo. También tiene que ver con que éste sea el apropiado para sus condiciones y el modo de enfocarlo debe ser claro. No se puede decir que su visión sea muy atinada: no parece que ese animal sea el adecuado ni parece que haya acertado en el modo de acercarse a él. Creo que improvisa mucho. Había peligro en la situación y puede comprobarse en el resultado: dos muertos. Ha tomado ese rumbo por casualidad. No había estrategia clara. Antes de atacar, debía escoger el camino que iba a seguir en el ataque. Y el objetivo se ha logrado a costa de pérdidas importantes —concluyó, de corrido.

Notaba confuso a Andrés. Constaté lo que había imaginado al poco de pisar la empresa: no estaba acostumbrado a que los componentes de su equipo expresaran sus puntos de vista. Lo más probable es que pidiera poco o nada sus opiniones.

Aproveché para explicar un concepto básico para el liderazgo. Regresé a la pizarra y expuse:

—Os anoto aquí la responsabilidad de un líder para con su equipo —y dibujé en la pizarra un triángulo equilátero. Quizá no era el primero que lo expresaba así, pero me gustaba mucho el modelo.

Luego les dije:

—Este triángulo representa a cada una de las personas de la organización. Todos y cada uno de los miembros deben tener tres ingredientes. En función de la cantidad que se posea de cada ingrediente, la organización irá mejor o peor y la persona también. ¿Qué ingredientes pensáis que son? ¿A qué me refiero?

Noté la duda en sus ojos. No quise arriesgarme a tener que rectificarles demasiado, porque pensé que quizá saldría el asunto de los salarios. Y no era el momento para tratar ese tema.

Volví a la pizarra y, sin aguardar una respuesta por su parte, escribí en el primer vértice:

HABILIDADES PRÁCTICAS

Los miré para comprobar sus expresiones. Estaban atentos a lo que pudiera decirles.

—Habilidades prácticas. Éste es uno de los ingredientes necesarios. Uno de los tres. ¿Creéis que cada uno de los cazadores del clan de Nean posee habilidades prácticas?

—Todo parece indicar que las tienen. Desde luego que no podemos saber si todos, pero la escena que nos has mostrado es clarificadora. No parece que sea la primera vez que salen de caza —apuntó Andrés.

—Manejan bien las herramientas —dijo Doris.

Marc intervino:

—Y no se les escapa el bicho. El ¿cómo se llama?

Doris se apresuró a ayudar a Marc, e insistió en el concepto:

—Uro. Se llama uro, y estoy de acuerdo. Acaba como plato principal de la cena, así que parece que saben lo que hacen.

Intervine para fijar la idea:

—Por lo tanto, es uno de los ingredientes necesarios en una organización, ¿no es verdad? Se requiere que las personas que colaboran en ella tengan habilidades prácticas para llevar a cabo sus responsabilidades. Desde el que está trabajando en una máquina hasta el que desarrolla su trabajo en una oficina, requieren de habilidades.

Regresé a la pizarra y escribí en el vértice superior:

CONOCIMIENTO

HABILIDADES PRÁCTICAS

—¿Cuál es la condición necesaria para que podamos mejorar lo que hacemos? —pregunté tratando de descifrar lo que sus caras me decían—: Conocimiento. Y con conocimiento me refiero a todo aquello que sabemos poner en práctica para la empresa, pero también aquello que hemos aprendido por la experiencia —aclaré.

Mateo movió su cabeza varias veces, asintiendo. Lo miré y busqué su complicidad:

—¿No crees que es necesario tener una buena dosis de este ingrediente?

—Desde luego que sí. Hay que tener conocimiento. Cuanto más, mejor —respondió.

—Es la forma de cambiar las cosas —aportó Doris.

—¿Pensáis que Nean y los suyos lo tienen? —quise saber.

—De eso ya no estoy tan seguro —contestó Marc—. Da la impresión de que no saben muy bien lo que ocurre a su alrededor y eso hace que estén desorientados.

—¿Y Nean tiene conocimiento? —pregunté dirigiéndome a Andrés.

—Creo que sí. Él les dice que sabe lo que hay que hacer —dijo, convencido.

—¿Eso quiere decir que es suficiente con que el jefe tenga el conocimiento? —insistí.

Hubo un segundo de silencio. Quizás un instante de dudas que Jesús rompió para responder:

—No basta. El que tiene que hacer las cosas no es el jefe. No todas las cosas, desde luego. Bien necesita Nean de los cazadores para llevar carne al clan...

Elia recogió la idea y ayudó a desarrollarla:

—Yo creo que todos los que trabajan en la empresa deben tener conocimientos. Si no somos capaces de comprender lo que conviene a la empresa, ¿cómo vamos a ayudar a resolver los problemas?

Elia había puesto el dedo en la llaga. Noté que Andrés la miraba con sorpresa.

No quise adelantar más en la cuestión, por el momento.

—Veamos qué pongo en el tercer vértice.

Y me dispuse a escribir el tercer ingrediente.

CONOCIMIENTO

HABILIDADES PRÁCTICAS   MOTIVACIÓN

—Casi nada. Motivación. He aquí la madre del cordero —dije, volviéndome hacia ellos—. ¿Qué sucede con las habilidades prácticas y con el conocimiento si la persona no está motivada? ¿Podremos aprovechar ambas cosas?

Noté el ambiente como si escapara el aire de una caldera. Tuve la impresión de que habían estado pendientes de ver si aparecía la palabra. Y cuando brotó, respiraron aliviados, quizá pensando que yo diría cosas al respecto. Pero en lugar de continuar, paseé la vista sobre los asistentes y pregunté, sin dirigirme a nadie en concreto:

—¿Tenéis la impresión de que el equipo de cazadores de Nean están motivados?

Cuando comprendieron que la pregunta iba sobre Nean y los suyos, y que yo no hablaba de la empresa que dirigía Andrés, Doris recogió el testigo y tomó la palabra:

—Eso sí que no. A mí no me parece que su gente esté motivada. Parece que llevan una vida anodina.

—¿Anodina? —intervino Jesús.

—Anodina, insulsa, hasta rutinaria, con pocos alicientes —aclaró Doris—. Se limitan a hacer lo de cada día. Además, si ya conocen la reacción de su jefe, no creo que tengan muchas ganas de aventurarse a proponer otra cosa.

—Así le fue a Antas. Quiso buscar otra opción y ya ves... —apuntó Elia.

—El clan de Nean es lo que es porque nadie tiene ganas de hacer las cosas de otra manera. Eso es evidente —remachó Marc.

—¿Y tú qué crees, Andrés? —pregunté directamente al responsable de aquel equipo.

Se revolvió en su silla como solía hacerlo cuando lo interpelaba directamente, y respondió:

—Creo que es verdad. La atmósfera que se respira en la cena no parece que sea de alegría por haber cazado la pieza. Todo es un poco negro.

Asenté la idea que quería imprimir en su conocimiento:

—Por lo tanto, ya veis: los tres ingredientes son necesarios. Hay que tener de los tres, pero el de la motivación es fundamental para que los demás funcionen. Ahora, ¿qué ocurre en la empresa? Pues que cada uno de nosotros tenemos una composición diferente en ese triángulo. Cada uno de nosotros tiene una proporción diferente de cada uno de esos ingredientes. —En la pizarra dibujé unas flechas mientras continuaba con mi explicación—: Una persona puede tener escaso conocimiento, pocas habilidades prácticas y mucha motivación. —El dibujo que les mostré era bastante clarificador:

CONOCIMIENTO

HABILIDADES PRÁCTICAS   MOTIVACIÓN

Borré las flechas y dibujé unas nuevas mientras les explicaba:

—En cambio, ya veis: en el mismo equipo podemos contar con alguien que tiene mucho conocimiento, grandes dosis de habilidades prácticas y casi nada de motivación:

CONOCIMIENTO

HABILIDADES PRÁCTICAS   MOTIVACIÓN

Les mostré el nuevo dibujo. Borré las flechas y realicé una nueva composición del triángulo.

—Y también el que no tiene ni motivación ni habilidades prácticas:

CONOCIMIENTO

HABILIDADES PRÁCTICAS   MOTIVACIÓN

—En fin, que podemos obtener tantas variaciones sobre el triángulo como personas tengamos en la organización. Eso quiere decir que cada persona de la empresa se convertirá en un reto para quien lidere. Porque una de las tareas más importantes para el líder será la de llevar al equilibrio los tres ingredientes en cada uno de ellos. Aportarles aquello que necesiten, de modo que las tres flechas confluyan hacia el centro con la misma medida.

Borré las flechas anteriores y dibujé las nuevas:

CONOCIMIENTO

HABILIDADES PRÁCTICAS   MOTIVACIÓN

—Para lograr ese objetivo, el líder tendrá que ejercer un liderazgo basado en el desarrollo de las personas. Pero fijaos que no se trata de un mero desarrollo técnico. No es que deba enseñar las tareas y cómo éstas se desarrollan. Se trata de algo que va mucho más allá: cada día, al entrar en la empresa, tendrá como misión averiguar la cantidad de cada uno de los tres ingredientes que tiene cada colaborador. ¿Para qué? ¡Fácil! Lo hemos visto. Para proveer a cada uno de aquel ingrediente que requiera porque escasea en su perfil de empleado. —Enfaticé todo lo que pude las últimas palabras. Quedé en silencio unos segundos. Quería que las palabras tomaran su lugar en el pensamiento de Andrés y su equipo. Luego retorné con una palabra que debía levantar cierta expectativa para ir avanzando en mi plan—. Sabiduría. Se requiere que el líder aplique buenas dosis de este concepto. Pero no quiero perder de vista todo lo que nos queda de camino antes de llegar ahí. Continuemos con lo que ha dado origen a explicaros el triángulo del profesional. —Miré a Doris—. Doris opinaba que el rumbo no estaba claro. Es decir, que no parecía que los del clan conocieran el camino, y Elia también estaba de acuerdo con ella. —Hice una pausa. Cuando creí que tenían la mente lista para grabar en ella el concepto, les aclaré—: Nean no ha tenido en cuenta en ningún momento el equilibrio entre los tres ingredientes que hemos dicho que son necesarios.

—No ha hecho lo que se supone que debería hacer —soltó Jesús—. Se ha centrado en que sepan cómo matar al uro, pero no parece que les haya enseñado otras cosas. Se centra en lo operativo, y creo que no es suficiente. Parece que lo de la motivación no va con él.

—Eso quiere decir que si el líder no acierta con el camino que escoge, o si el objetivo que se marca es desmesurado, en la organización no tendrá personas preparadas para ver otros caminos o encontrar la diferencia entre un objetivo y una estupidez —les dije.

El rostro de Elia mostraba sorpresa y expectación y me indicó que era el momento de dar pie al tercer axioma. Lo de diferenciar entre objetivo y estupidez valía la pena aprovecharlo a fondo. Puse la idea a la vista de todos:

—¿No es cierto que hay diferencia entre objetivo y estupidez? —pregunté a todos.

Doris quiso hacer saber su opinión y respondió con claridad:

—Supongo que si se piden cosas imposibles de realizar, estamos ante una estupidez.

—Ése es el punto, pero vale la pena que nos explayemos un poco más en la idea. ¿Alguien quiere complementarla? —pregunté.

Marc aceptó el reto.

—No sé, yo creo que es mejor convertir el gran objetivo en la suma de pequeños objetivos. Trocearlo y señalar el primero, el más cercano y por el que se pueda comenzar. Costará menos llegar a él y la ventaja que aporta es que es muy motivador comprobar que se ha conseguido. Da mucho empuje para lanzarse a la búsqueda del siguiente. No sirve de nada poner un objetivo que sea imposible alcanzar. No tiene sentido. Aunque sea pequeño, pero que se pueda lograr —dijo de corrido—. Los imposibles no motivan, más bien causan el efecto contrario.

—¡Así me gusta!—exclamé, mostrando mi entusiasmo sin ningún pudor—. Voy a redondearlo.

A continuación anoté:

> Tercer axioma
> ES MEJOR UN OBJETIVO AL ALCANCE
> QUE UN IDEAL INALCANZABLE

—No está nada mal. Creo que vamos bastante bien. Me parece que Nean no ha medido bien el grado de esfuerzo requerido para alcanzar su objetivo. ¿Tenéis algo más que nos haga ver por qué opináis que Nean no es un líder?

Los cumplidos a su intervención dieron alas a Marc, que hasta hacía poco había estado muy callado, participando poco, mientras los demás exponían sus ideas. Ahora le costó menos intervenir.

—En vez de ayudar a los suyos, los trata fatal —dijo, como si se le acabara de ocurrir de repente.

Mateo no esperó a que preguntara por qué creía que era así. Intervino como si hiciera tiempo que tuviera una respuesta que ahora estaba deseando soltar.

—No advierte a los otros cazadores del peligro. No sé si ya lo había hecho antes, pero al menos no lo hace en el momento de enfrentarse a éste, ni protege al que queda cerca de los cuernos. Está claro que no se preocupa mucho. O eso, o ellos no tienen conocimiento. Creo que aunque sean cazadores experimentados y no sea la primera vez que salen en busca de presas, el líder debe procurar que cada cual haga lo que tiene que hacer. Está ahí para ayudar. Si tienen que mantener la distancia, debería habérselo indicado antes.

—¿Creéis entonces que el líder tiene que velar por que los suyos estén bien preparados?

Hasta Andrés estuvo de acuerdo.

—Tiene que procurar que estén capacitados —dijo Elia en nombre de todos.

—Muy bien. Estoy totalmente de acuerdo. ¿Tenemos corolario para esto?

—Que el líder tiene que formar —respondió Mateo.

—¿El líder tiene que formar? ¿Ése sería el corolario?

—Que el líder tiene responsabilidad en la formación de su equipo —remachó Elia—. Asegurarse de que cada cual tenga las habilidades prácticas que necesita para desarrollar su trabajo.

—Eso está muy bien, Elia, pero ¿sólo en la formación? ¿Hablamos de conocimiento? —pregunté—. Hemos visto que es sustancial para que las personas participen. Sin colaboración, vamos mal.

—Conocimiento. Conocimiento teórico y práctico. Los dos —aportó Mateo.

—¿No falta el tercer vértice para tener un triángulo? —insistí.

—Ganas de participar en esa formación y en todo lo demás —dijo Jesús.

—¿Y eso cómo se llamaba? —insistí.

—Motivación —saltó Elia.

—Si el que tiene la mayor responsabilidad en la empresa quiere hacer prevalecer siempre sus ideas, los demás no tendrán ganas de mostrar las suyas. Es el caso típico del jefe que siempre quiere brillar. Ser el mejor. Que lo vean como el que está por encima de todos. Es aquel que se cree que si los demás piensan que no está involucrado en todo, es que no es jefe. Tiene que decir siempre la última palabra —dijo Marc.

—Bien. Eso ya es otra cosa. Ahora sí que podemos hablar de capacidades. Pero fijaos que son las mismas que después les va a pedir a su gente. Querrá que aporten, luego es importante que él quede en un segundo plano. Entonces ya podemos anotar el siguiente axioma.

Y escribí en la pizarra:

> **Cuarto axioma**
> EL LÍDER NO DEBE SER BRILLANTE,
> SINO QUE DEBE HACER BRILLAR A SU EQUIPO

Me volví hacia ellos y les pedí:

—Vamos a complementarlo con otro axioma que tiene que manejar el líder en paralelo para aprovechar los resultados de este primero. Tiene que ver con el sentido de la pertenencia. ¿Alguien propone el siguiente axioma que se necesita?

Doris parecía estar aguardando a que los demás dijeran su propuesta para tener la oportunidad de expresar su punto de vista. Su comentario no sonaba improvisado; por el contrario, era como si le estuviese dando vueltas en la cabeza desde mucho tiempo atrás.

—Las personas tienen que sentir que forman parte de un mismo equipo, con metas comunes, beneficios comunes y todo eso. Sentirse implicados en un mismo grupo. Eso es lo que hace que pase a ser equipo.

—Las personas se apoyan unas a otras en el camino para alcanzar los objetivos. No son de uno ni de otro, son de un mismo equipo —remachó Elia.

—Se comportan con honestidad y se ayudan mutuamente. Lo mismo que el líder—aclaró Doris—. El líder se tiene que mostrar como es, y los demás tienen que ver en él cosas que les hagan respetarlo. No por temor, sino porque les gustaría ser así. Porque se le considera que tiene valores como persona. Un líder no puede tener dobleces. Tiene que ser transparente y en esa transparencia debe demostrar a sus colaboradores que pueden confiar en él. Lo peor es que el resto de los empleados piensen que el jefe lleva una máscara.

—Creo que habéis dado en el clavo otra vez —dije, regresando rápido a la pizarra—. Atentos a lo que voy a anotar —y escribí:

—No está nada mal, no señor… —dije, sonriente—. Veo que estamos desmenuzando el comportamiento de Nean. Analicémoslo ahora desde lo que se le pide a un líder sobre las competencias. Yo echaré una mano. Voy a ir citando la lista de competencias que se le reclaman a alguien que asume el liderazgo y vosotros me decís lo que os sugiere en el caso Nean. ¿Estáis de acuerdo?

Todos volvieron a asentir. Los noté cada vez más relajados.

—Visión —dije.

—Menos que un topo —soltó Doris riendo. Los demás reímos con ella. Creo que todos teníamos en mente al pobre bicho dándose golpes por los corredores de la topera.

Continué con las competencias.

—Estrategia.

—No sabe lo que es. Ni idea. Rodean al animal, al uro, y esperan matarlo por medio de lanzazos. Aun a riesgo de que resulte herido alguno de los suyos. Con alguien así es mejor no ir de caza —resaltó Jesús.

—Proactividad —añadí.

Ahora fue Andrés quien intervino.

—No diría que tiene eso. Si fuera así, buscaría el modo de moverse. No aguardaría a que se lo pidieran.

—Estoy de acuerdo. No busca el cambio —intervino Elia apoyando lo que decía Andrés.

—Trabajo en equipo —proseguí.

—Si eso pretende, desde luego que no lo consigue. Ya hemos dicho que no logra situar a sus hombres en el lugar adecuado y se produce una situación muy desorganizada. Como si cada uno, incluido el tal Nean, estuviera siguiendo sus propios planes —intervino Doris.

—Se trata de clavar lanzas y esperar que alguna mate al animal —refrendó Elia.

—Empatía —propuse.

—Hombre, puede decirse que se ha puesto en la cabeza del otro. Sólo que lo ha hecho con un cacho piedra que *pa'qué* —soltó Mateo.

Nos reímos del comentario que hizo Mateo. Jesús tuvo un ataque de risa que le duró un rato. Aguardé a que las aguas volvieran a su cauce.

—Entiendo que Mateo dice que no. ¿Estáis de acuerdo?

Naturalmente que lo estuvieron.

—Ética —dije.

—¿Mande? —intervino de nuevo Mateo, y volvimos a reír—. Que se lo cuenten a los de su clan. No creo que le vean la ética por ningún lado. Cero.

—Estoy de acuerdo —señalé.

Anoté un nuevo concepto:

—Credibilidad.

—Ninguna —saltó Marc.

—Cero —añadió Jesús.

—No parece que crean mucho lo que dice Nean —quiso resaltar Andrés—. Le discuten bastante. Y no lo hacen más porque temen las consecuencias.

—¿Ese que menciona Andrés es el concepto de credibilidad que estamos manejando? —pregunté abiertamente para que respondiera quien quisiera.

Doris volvió a corregir a su jefe.

—Creo que no. Me parece que va más allá de si le hacen caso o no. Se trata de que, por la manera de actuar que tiene Nean, no les queda claro que sea capaz de sacarlos del atolladero. De hecho, cuando envía a dos cazadores para verificar lo de los mamuts, en cuanto oye que los están atacando, corre con los demás hacia terreno seguro. Él es el primero que se pone en movimiento. Eso no tiene pinta de ofrecer demasiada credibilidad a sus hombres. No pueden tener confianza en él. Apuesto a que la próxima vez que envíe a alguien, el desgraciado que le toque creerá que es hombre muerto. De hecho, es lo que piensan los dos que manda a ver lo que ocurre. Y tenían razón.

Los otros estuvieron de acuerdo con lo expuesto por su compañera y Andrés aceptó que quizá no era acertada la respuesta que había dado.

—Orientación a los resultados —propuse.

—Eso sí. Quiere cazar la presa —dijo Andrés, como si deseara resarcirse de una respuesta anterior errónea.

No quise ponerlo en ese momento en el compromiso de tener que aceptar otro enfoque del asunto por parte de alguno de los suyos y preferí anotar yo la rectificación, por lo que le dije:

—No te falta razón, pero me gustaría hacerte una pregunta: ¿cuál crees que es en verdad el resultado que se espera de su acción? ¿No crees que en tu cabeza tienes un supuesto que está condicionando tu respuesta?

Andrés buscó la forma de corregir el tiro.

—Hombre, el resultado más claro parece que es el de hacerse con la presa. Pero quizás hay algo más… no sé…

—¿Podría ser el de llevar carne a la cueva? —propuse para ayudarle—. Para hacerse con carne no necesariamente tiene que matar esa presa que, según decís, no es la más adecuada. Lo que nos lleva a pensar que su orientación a los resultados parece un poco azarosa. Es ésa, como podría ser otra. No hay plan. Pero ¿no podría tratar de buscar carne de una manera más fácil? Es una posibilidad que dejo abierta.

—Visto así, estoy de acuerdo —reconoció Andrés—. Yo suponía que ya habría calibrado la posibilidad de buscar otro tipo de caza. Pero estoy de acuerdo. Es posible que no lo haya madurado lo suficiente.

Continué con la lista:

—Comunicación.

—Horrorosa —saltó Elia.

—No existe —respaldó Jesús.

—Tiene un modo muy personal de comunicar con el garrote —dijo Mateo, y el despacho se llenó con las risas de todos.

—No comunica. Dice lo que piensa, pero no escucha. Además, si alguien opina lo contrario, cree que es una amenaza y lo quita de inmediato de en medio. Parece que deja que se reúnan sólo para poder decir que los escucha, pero no es verdad —dijo Marc.

—Pero ¿creéis que todo el mundo puede decidir? Es decir, se lanza una pregunta y cada cual opina lo que cree conveniente. Entonces se decide aplicar lo que cada cual ha dicho. ¿Os parece un modelo adecuado?

Mateo recogió el guante.

—No es eso. Podía escuchar la opinión de los otros y luego tomar la decisión que creyera conveniente. Pero debería preguntarse por las razones que le asisten a quien expresa la opinión, escuchar los argumentos que tiene para decir lo que dice. Quizá tenga razón. Luego puede hacer lo que crea más conveniente para el clan, pero no sin antes escuchar otras opiniones.

—Es más. Si cada vez que escucha a los cazadores acaba tomando la decisión que él ya tenía pensada, no sirve de nada que los reúna —sentenció Elia.

—Si hace eso, ya no aportarán más ideas. Dejarán que Nean se las arregle como pueda —remachó Doris.

—No está nada mal para explicar por qué Nean no es el más comunicativo. Pero qué me decís de este concepto: creatividad.

El grupo aprovechó para distenderse algo más y Andrés quiso arrancar con este punto.

—No veo ningún elemento de creatividad. Supongo que todo lo que utilizan es lo habitual para esa época.

—Sí, manejan hachas y cuchillos de piedra. Si los demás usaran maderas afiladas como armas, aún podríamos ver que han pasado a la piedra. Pero por lo que se cuenta, da la impresión de que todos los clanes utilizan ese mismo invento, por lo que no, yo tampoco veo el avance por creatividad —expuso Mateo.

—Incluso el modo de cazar es de lo más tradicional, entiendo. Claro, no conozco mucho sobre la vida en ese período, pero en los documentales que he visto explican que los cazadores más primitivos saltaban sobre la presa y la mataban a golpes —anotó Marc.

—Estoy de acuerdo. Yo tampoco creo que Nean y los suyos manejen el concepto de creatividad. Cuando marchan al encuentro de los mamuts, se acercan al peligro sin haber buscado una estrategia de aproximación. Simplemente llegan, los animales los descubren y piensan en salir corriendo. Ese par de cazadores no son nada creativos —aclaró Doris.

Estaba muy bien analizado este concepto, así que me dispuse a cerrar el tema.

—Veo que todos estamos de acuerdo con Andrés. No hay creatividad. Así que os propongo el siguiente: adaptación al cambio.

—¡Buah! ¡Horroroso! —Exclamó Doris—. No tiene esa capacidad.

—Está claro que Nean quiere continuar haciendo las cosas del mismo modo que lo ha hecho siempre —aportó Jesús.

—Al que quiere cambio le abre la cabeza —dijo Marc, insistiendo lo que ya había dicho antes Mateo.

—Entonces creo que estamos de acuerdo en que tampoco es una persona con dotes de adaptación al cambio. Y si es así, debemos de suponer que no tiene mucha flexibilidad. Pienso que tras este concepto podemos reflejar en la pizarra la lista que hemos manejado hasta ahora. ¿Os parece? —Y sin esperar el acuerdo de los otros, me puse a escribir en la pizarra:

COMPETENCIAS
Visión
Estrategia
Proactividad
Trabajo en equipo
Empatía
Ética
Credibilidad
Orientación a los resultados
Comunicación
Creatividad
Adaptación al cambio
Flexibilidad

—Hemos completado la lista. Creo que refuerza bastante la idea. Por lo tanto, si tuvierais que resumir la actuación y la actitud de Nean para enfrentarse a la crisis que se avecina y que alguno de los suyos está detectando, ¿qué diríais?

La mayoría de ellos se movieron en los asientos. Una cosa era participar sobre conceptos concretos que proponía yo mismo, y otra diferente sintetizar los acuerdos a los que habíamos llegado de forma general. Era consciente que les estaba pidiendo una visión global sobre el tema.

Al final fue Elia de nuevo la que inició el debate.

—No le auguro nada bueno. Nean no se está dando cuenta de que están entrando en crisis. Al menos no le está dando importancia a lo que los otros ven. No me cabe duda de que desaprovecha las propuestas que pueda haber en el clan para sortear la crisis. Además, lo tienen mal porque Nean no es un líder. Quizás es un guerrero. Alguien que abre el frente. Pero en la situación en la que se encuentra el clan, necesitan a alguien que sea permeable al cambio. Y para que exista cambio debería planificarse hacia dónde habría que dirigirse. Hacia dónde habría que cambiar. Si, por ejemplo, lo que necesitamos es averiguar el destino, sería bueno que el líder escuchara a su gente. Es más fácil que uno solo se equivoque, a que lo hagan treinta.

Elia acabó diciendo lo último con algunas miradas huidizas hacia Andrés, pero de vez en cuando se dirigía también a los demás. Me dio la impresión que no quería que se entendiera que el mensaje era personalizado.

No pude menos que felicitarla.

—Enhorabuena, Elia. Clara y concisa, ¿no os parece? —dije—. Por lo tanto, fijaos que estamos construyendo un estilo de liderazgo que debe resultar operativo en la empresa pero que se basa en una serie de elementos que tienen mucho más que ver con el conocimiento tácito que con cualquier otra cosa. No es tanto el peso que tiene el aspecto técnico como la capacidad de aplicar sabiduría en el día a día. Surge una nueva idea: el liderazgo sabio.

—¿Tenemos que ver al líder como uno de esos abueletes de barbas largas y blancas, sentado ante una cascada, con las manos unidas y los dedos entrelazados sobre el regazo? —preguntó Mateo.

Sonreí.

—En absoluto. La sabiduría está en el uso del sentido común. Está en la capacidad de conjugar los diferentes ingredientes para comportarse del modo más equilibrado. Decidir con base en los recursos disponibles. —Quise reforzar esta parte. Pensé que era hora de avanzar algo más en el concepto que quería fijar en sus mentes para cuando llegara el momento. Dibujé en la pizarra una estrella de cinco puntas:

Y en cada una de las puntas escribí una palabra:

EXPERIENCIA

EMOCIONES   IDEAS

JUICIO   ACTITUDES

Mientras anotaba las palabras, las iba citando en voz alta: «Experiencia, ideas, actitudes, juicio, emociones. Esos conceptos son los que dan lugar a un tipo de inteligencia que lleva al comportamiento sabio».

Y dibujé lo que faltaba en la estrella:

EXPERIENCIA

EMOCIONES — INTELIGENCIA = COMPORTAMIENTO SABIO — IDEAS

JUICIO — ACTITUDES

Abandoné la pizarra y les dije:

—Ahora sí que hemos definido mejor el perfil que buscábamos. Fijaos que aunque este líder no tuviera experiencia, si sabe usar la de los demás, la incorporará a su bagaje como suya. Lo importante es que sea capaz de reconocer sus carencias y tome de los demás lo que no tiene. No hace falta ser Lao Tse o Confucio o Séneca para ser sabio. ¿No conocéis a alguien de vuestro entorno que os haga pensar que tiene visos de serlo? Alguien que actúe con equilibrio en cada uno de los aspectos de las puntas de la estrella.

—Yo tengo en mente a uno. Vive en el pueblo de mis padres y su vida es el campo. No sabe lo que es Internet, pero sabe de la vida y los demás lo respetan por ser como es. Pero desde luego que Nean es una estrella roma. No tiene ni una arista —soltó Mateo.

Los demás reímos, y creí que era el momento adecuado de proponer un receso.

—Vamos a tomarnos unos minutos para visitar el baño y tomar un café. Pero ¡cuidado!, está prohibido que os acerquéis a vuestras mesas. Prohibido también revisar el correo o atender cualquier llamada. Visitamos el lavabo y la cafetera. Eso es todo. La empresa aguantará sin vosotros al menos una mañana más.

A todos les pareció bien y salimos en busca de ambas cosas. Minutos más tarde estábamos de regreso en el despacho, la mayoría con un café en la mano y yo con una tisana de poleo, esta vez con menta.

Me acerqué a mi lugar y les dije:

—Muy bien, después de este merecido recreo llega la hora de continuar el relato. Voy a seguir leyendo, pero atención: cambiamos de escenario y de personajes. Me gustaría que siguierais tomando notas y os mostrarais tan atentos como antes. Habéis entrado a fondo en la historia. Vamos allá.

En algún lugar del norte, a más de cinco días de camino de donde se asentaban Nean y los suyos, un cazador llamado Croman se encaramó en lo alto de una piedra que estaba junto a las cabañas recubiertas de cuero del pequeño poblado. Miró alrededor, elevó el mentón y olfateó el aire. Notó el olor a resina y madera recién cortada.

Croman no era nada joven. Tenía casi treinta años y era más alto que cualquiera del clan de Nean, aunque sus brazos y piernas estilizados no mostraban tanta robustez como los de ellos.

Gritó para que le prestaran atención los suyos.

—¡Escuchadme!

Hombres y mujeres dejaron lo que estaban haciendo y se fueron colocando alrededor de la piedra. También su mujer, Luyla, que lucía una barriga abultada, llegó caminando con pesadez para ponerse delante y escuchar lo que iba a decir su hombre. A pesar de su avanzado estado de gestación, continuaba haciendo lo mismo que el resto de las mujeres del clan. Preparaba el fuego y salía con las otras por los alrededores del poblado a recoger bayas y hojas comestibles y, una vez al día, se acercaba al riachuelo a buscar agua. Ahora, en vez de descansar tumbada sobre las pieles de la cabaña, se aprestaba a escuchar desde la primera fila.

Cuando vio que estaban todos, Croman se dirigió a ellos y su voz sonó clara:

—Quiero que hablemos de lo que sucede. Cada vez tenemos más dificultades para hallar presas y cuando las encontramos son bestias gigantes y peligrosas que no se dejan atrapar fácilmente. Me preocupa que de aquí a poco tiempo no sepamos qué traer al poblado.

Buena parte de los hombres y mujeres del clan quisieron responder a Croman. Algunos alzaron la voz tratando de ser los primeros, pero Croman los tranquilizó:

—Si habláis todos a la vez, no nos entenderemos. De uno en uno. Escuchemos lo que tiene que decir Ontas.

Ontas era un hombre bastante viejo para esa época. Al menos debía de tener cuarenta años. Sus rasgos curtidos y su voz gastada ayudaban a asignarle esa edad. Para los hombres del clan, los inviernos pasados por Ontas eran muchos. Algunos decían que viviría para siempre, que las bestias y los hombres le respetaban y que él era capaz de ver lo que ocurriría al día siguiente. Ontas tomó la palabra:

—Pienso que tienes razón. Las cosas han ido cambiando con el tiempo y sin casi darnos cuenta. Lo que sucede hoy no tiene nada que ver con lo que ocurría hace unas lunas. Ya sabéis que he vivido en tres clanes diferentes, y en todos ellos me he dado cuenta de que pasaba lo mismo. Estoy convencido que salir cada día a cazar, trabajar las piedras y los huesos, limpiar el espacio para que la maleza no nos eche de aquí, vigilar que no se apague la hoguera, procurar los vegetales que las mujeres no encuentran, mantener la alerta por si nos atacan, y el resto de tareas que hacemos, no nos dejan pensar en lo que deberíamos cambiar para mejorar las cosas. Pero estoy de acuerdo contigo en que tenemos que modificar algo.

—Podemos movernos tras la caza. Si los uros van hacia el sur, trasladaremos el campamento hacia allí —dijo otro.

—Por lo visto Typo no se ha destapado las orejas. Le pasa lo mismo que cuando dejamos que nos avise si llega la presa. Cuando se entera ya le está pisando el rabo —bromeó el que estaba a la derecha de Luyla. Rieron todos menos Typo—. Croman ha dicho que el tamaño de las presas ha cambiado y que son más difíciles de cazar.

El hombre conocido como Typo se limitó a encogerse de hombros, como si él hubiera dicho eso mismo.

—Así es. Grandes, rápidos y fuertes —confirmó Croman.

—A mí me gusta este lugar. Tenemos todo lo que necesitamos —dijo una de las mujeres.

—A mí también. Me gustaría que mi hijo creciera por aquí. Si nos alejamos, lo ideal sería que no fuera demasiado —dijo Luyla, mirando a su hombre.

—Para vivir aquí hay que cambiar muchas cosas —respondió Croman.

—Ontas ha dicho que hacemos tantas cosas diferentes que no podemos pensar. ¿Y si dejamos de hacerlas? —preguntó a los demás un joven de doce años que hacía poco que cazaba junto a los mayores.

—Osur tiene razón. ¿Por qué no nos dedicamos sólo a lo que tenga que ver con la caza? —preguntó otro de la misma edad que Osur.

—Porque todo lo demás que hacemos es necesario para seguir viviendo. Si dejamos de hacer esas cosas, no sobreviviremos ni un invierno más —respondió Croman.

—Entonces, no hay solución. No tendremos más remedio que hacer lo que dice Typo. Seguir a las manadas hacia el sur.

—Otra vez con lo mismo —dijo el que un poco antes había replicado de forma graciosa a Typo—. No se trata de ir tras la manada. Ya se ha dicho que aquí hay presas suficientes. El problema es otro. Es que no sabemos cazarlas. Si no fuera por eso, no tendríamos que movernos de esta zona. A mí también me gusta vivir aquí.

Ontas volvió a tomar la palabra:

—Propongo que dediquemos lo que queda de la tarde a pensar sobre el asunto. El que quiera que siga dándole vueltas esta noche. Y mañana por la tarde, al regreso, volvemos a reunirnos.

Los allí presentes asintieron a las palabras del hombre más viejo del clan. A pesar de ser el más anciano, no era el jefe. El jefe de todos era Croman. A la muerte del jefe anterior, los hombres del clan nombraron a Croman nuevo jefe porque, a pesar de su edad, sabía escuchar a los mayores, por lo que combinaba bien su fortaleza y energía con lo que sabían los otros. Ontas se incorporó al clan algún tiempo después, pero en cuanto vio lo que hacía Croman y cómo lo hacía, lo aceptó como jefe del clan. Por su parte, Croman apreció pronto el conocimiento y la experiencia de Ontas y no perdía oportunidad de preguntarle su parecer. No le era difícil compartir su punto de vista.

—Estoy de acuerdo con lo que pide Ontas. Mañana hablaremos alrededor de la hoguera —dijo, y saltó de la piedra mientras el resto del clan regresaba a sus tareas.

Los niños estaban entretenidos con un pequeño zorro blanco que había llegado del norte, acompañando a Ontas. Lo hacían cruzar entre un laberinto de ramas para llegar a la comida, un pequeño ratón de pecho palpitante que lo aguardaba acurrucado contra las ramas. Croman pasó junto a ellos y caminó hacia el exterior del perímetro del poblado, donde un centinela hacía guardia apostado junto al tronco de uno de los escasos árboles.

Al llegar el jefe, el centinela se aprestó a mantener la guardia pendiente y le hizo un gesto con la cabeza para que viera que estaba atento. Croman le devolvió el saludo y continuó hacia el siguiente, que debía de estar a un tiro de piedra del primero. El rugido de un carnívoro le hizo avivar el paso. No estaba dispuesto a darle facilidades. Si lo sorprendía estando a solas, tendría escasas posibilidades de sobrevivir al ataque. Avistó al siguiente centinela: estaba envuelto en una piel y se movía de un lado a otro para tratar de entrar en calor. El hombre también había escuchado el gruñido y de vez en cuando miraba hacia más allá de la maleza. Al notar que alguien se acercaba, dispuso la lanza con la punta dirigida hacia el intruso. Al ver que era Croman, se relajó. En ese preciso instante, el jefe vio llegar una sombra por detrás del centinela. Le gritó. Quiso volverse rápido, pero la fiera fue aún más rápida que él. El oso se levantó de repente, abrió la boca en un gruñido espantoso y le abrió el pecho de arriba abajo con sus largas garras. El centinela cayó hacia atrás aguardando el asalto definitivo. El animal mostró sus colmillos y saltó hacia delante en busca del cuello del hombre, que vio las babas brotando de la boca humeante a escasa distancia de su rostro y notó el tufo de carne podrida que despedía su boca abierta. Cerró los ojos pensando que todo estaba perdido, pero de repente, Croman, que había saltado hacia delante al mismo tiempo que el oso, se interpuso en su camino y lo golpeó con un madero seco. La bestia se revolvió con furia. Croman tomó del suelo la lanza del centinela y aguardó la siguiente embestida. Pero el oso no parecía dispuesto a caer en la trampa. Se levantó en sus patas, rugió al aire, desafiante, y agitó las garras sobre la cabeza de Croman como si le mostrara lo que tenía reservado para él. Croman miró los ojos menudos del animal, tratando de ver en ellos sus intenciones, y se desplazó a un lado, colocándose entre el hombre caído y el animal. Al momento llegaron los cazadores del poblado. Al ver que crecía el número de enemigos, la fiera prefirió dar media vuelta y corrió por entre la maleza en busca de resguardo.

Tres o cuatro hombres se hicieron cargo del herido y lo llevaron en volandas hacia el poblado. Mientras tanto, Croman y algunos más vigilaban que el oso no tuviera la idea de regresar sobre sus pasos para acabar lo que había comenzado. Pero la bestia se hallaba ya a una distancia suficiente como para que ninguno de los cazadores pudiera seguirla. Tampoco era su intención.

—Dejadlo partir. Llega la noche y no es bueno que salgamos a buscarlo —dijo Croman.

—Podríamos seguir su rastro —sugirió uno de los cazadores jóvenes.

—Ahí afuera, en la oscuridad, eres hombre muerto. Quizá mañana podamos ver si es posible alcanzarlo. Buscaremos su rastro. Pero creo que no nos pondrá las cosas fáciles. Ha fallado en esta ocasión y querrá volver a intentarlo, así que no se dejará ver hasta que crea que nos va a pillar desprevenidos. Tendremos que ir con mucho cuidado —le explicó con claridad para quitarle las ganas de salir corriendo tras él.

El resto de cazadores asintieron a las palabras de Croman y se dispersaron por el poblado para continuar con lo que hacían antes de que llegara la alarma.

Esa noche la guardia estuvo más atenta que de costumbre. El fuego no se apagó en toda la noche y en el poblado quedaron de guardia tres centinelas más por si alguno de los del perímetro exterior avisaba de posibles problemas. No era lo mismo levantarse torpe en medio del sueño, que saltar despabilado en ayuda de quien lo necesitara. Era parte de la supervivencia del clan.

No había amanecido del todo cuando el grupo de diez cazadores salió en busca de alguna presa. Cuando habían cruzado el perímetro de seguridad del poblado, Croman se dirigió al joven que el día anterior había sugerido salir presto detrás del oso, y le dijo:

—Koa, tú ve en medio del grupo. No te adelantes, pero tampoco seas el último, y aprende de lo que veas. Teco, explícale —le pidió al que estaba junto al muchacho.

El joven cazador aceptó la orden del jefe a regañadientes, pero no tuvo más remedio que acatarla. Se colocó en el centro, y el que caminaba tras él le informó:

—Las posiciones más peligrosas son la primera y la última. Es donde ataca la fiera primero. Está muy bien que tengas la oportunidad de aprender.

El muchacho no estaba de acuerdo con él, pero tampoco podía hacer nada para evitar el lugar asignado.

A media mañana se encontraron con las huellas del oso. Croman detuvo al grupo. Dejó que los hombres se arremolinaran alrededor.

—Bien, recordad que el oso es más peligroso cuando está herido o se siente acorralado. Haremos lo siguiente: Tora, Veta y Crac se adelantarán para seguir las huellas. Tres corren más ligeros que diez. Les dejaremos cierta distancia y luego los seguiremos. Cuando ellos crean que la presa está cerca, uno regresará para advertirnos; luego cinco de nosotros avanzaremos en semicírculo para que el oso no pueda venir hacia delante sin tropezar con alguno. No conviene rodearlo por completo porque si se siente totalmente atrapado atacará con más furia. Hay que dejarle un paso para que pueda continuar huyendo. Si es lo que hace, mantendremos la distancia con él, lo seguiremos y aguardaremos a que agote sus fuerzas para atacar. Si no escapa y quiere enfrentarse a nosotros, los otros cinco que quedarán detrás serán el refuerzo. ¿Alguna pregunta?

—¿Usaremos sólo las lanzas? —preguntó uno de los cazadores.

—¿Tienes alguna otra idea? —preguntó Croman.

—Pienso que es mejor provocar que nos ataque. —Croman lo miró intrigado y el resto también—. Podríamos preparar una trampa. Hacemos un agujero en el suelo y clavamos estacas afiladas en el fondo. Tiene que ser uno profundo para que cuando caiga se ensarte con las estacas. Así corremos menos riesgos —explicó el cazador.

Croman maduró un instante la idea. Cambiaba el plan si decidía seguir la propuesta del cazador, pero de esa manera eliminaba riesgos. Observó el rostro de los demás. Parecía que apoyaban la idea de su compañero. Aunque había algunas sombras de duda en los semblantes. Era la primera vez que intentarían algo así. Parecía algo arriesgado llevarlo a cabo, aunque el cazador que proponía la idea les dijera que evitaba riesgos.

—Me parece una buena idea —dijo Croman—. Entonces cambiemos el plan. Lo haremos al revés. Cuando estéis cerca, avisáis —explicó a los hombres que debían seguir las huellas—, pero no aguardéis a que lleguemos; sin perder tiempo, dais un rodeo largo para quedar al otro lado del oso. Cuando digo largo, quiero decir lejos del oso, en semicírculo. Cuando estéis al otro lado, hacéis ruido y lo empujáis hacia nosotros. Mientras, habremos construido la trampa y alguien atraerá al oso para que caiga en ella.

Los hombres estuvieron de acuerdo. Los tres designados para seguir las huellas avanzaron y Croman y los demás fueron tras ellos.

Los cazadores corrían al trote y estuvieron mucho tiempo siguiendo las huellas del animal. El grupo perseguidor seguía a distancia, pero conocían el arte de fijarse en las señales que los otros dejaban a su paso. El sol estaba ya en lo más alto del firmamento cuando uno de los tres llegó con el aviso.

—El oso se está comiendo una pieza. No nos ha olido.

Croman se alegró. Quiso saber la distancia y cuando supo que era escasa, se apresuró a cavar la trampa, allí mismo.

—Cinco de nosotros cavaremos aquí mismo, en este pequeño claro; mientras tanto, los otros tres cortarán estacas y las afilarán.

Cuando creyó que era suficiente, avisó al cazador para que regresara junto a los otros y cumplieran con su tarea. Él repartió a los que quedaron alrededor de la trampa de modo que formaron un corredor por donde tenía que huir el oso cuando lo empujaran hacia ella. Mandó guardar silencio y quedaron a la espera.

Había pasado poco tiempo cuando escucharon los gritos de sus tres hombres y los rugidos del oso. Croman aguzó el oído por si el animal los estaba atacando o corría empujado por aquéllos. Comprendió que la bestia actuaba según el plan. Poco después escucharon con nitidez el ruido de las ramas partidas y los gritos de los suyos jaleando al animal, pero en vez de aparecer por donde habían previsto, lo hizo algo más hacia el oeste, de modo que salió por detrás de uno de los cazadores que aguardaba apostado tras las matas altas.

El hombre quedó paralizado. El oso lo vio y fue hacia él. Croman salió presto de su escondite y corrió para llamar la atención del oso. El cazador aprovechó el instante en que el oso miró a Croman para correr en la dirección donde estaba su jefe. La fiera los siguió. Al pasar junto a los cazadores que hacían pasillo, éstos se levantaron y gritaron al unísono, blandiendo las lanzas, lo que hizo que el oso corriera más veloz hacia lo que creía era su presa. Casi logró alcanzar al hombre. Cuando éste notaba el aliento del oso tras la nuca, y el oso se levantaba para estirar la zarpa, la tierra se hundió bajo sus patas y cayó en el hoyo. Al clavarse en las estacas lanzó un alarido que espantó a los animales cercanos; un ratón menudo saltó de entre las matas y se metió en la madriguera, y un lince se escabulló por entre las hierbas altas cercanas al hoyo en el que había caído el oso. Los claros de la estepa daban paso de vez en cuando a espesos matorrales que crecían al resguardo de los vientos en vaguadas y hondonadas del terreno, y los pequeños animales aprovechaban para esconderse entre la maraña de ramas.

El hombre que el oso había perseguido temblaba sentado en el suelo. Croman fue hacia él para comprobar si estaba herido, pero el hombre le hizo una señal con la mano indicando que estaba bien. Se levantó y fue con los demás, que, apostados alrededor del agujero, miraban lo que había dentro y amenazaban desafiantes al animal, como haciéndole saber quién mandaba allí. El oso aún se movía allí abajo, pero lo hizo poco tiempo. Tenía el cuerpo atravesado por los palos y las vísceras humeantes le salían de la parte baja de la barriga mezcladas con los restos putrefactos de la última comida. En cuestión de minutos el agujero apestó. Cuando bajaron a por él, las moscas gordas comenzaban a revolotear por encima de la sangre y alrededor de las estacas. Croman les dijo a los cazadores:

—Buen trabajo. Habéis hecho lo que convenía. Muy bien.

Esa noche, alrededor del fuego, miraban cómo se asaba la carne del animal y Croman aprovechó el momento de tranquilidad, en el que sólo se oía el chisporroteo de las llamas, para repasar con los cazadores lo que había ocurrido.

—¿Os parece que ha ido bien? —preguntó a todos en general.

—Faltó poco para que matara a Ancos —dijo uno de los cazadores.

—Así es. ¿Y qué creéis que ha sucedido? —quiso saber Croman.

—Que el oso no ha llegado por donde teníamos previsto —respondió otro.

—¿Qué creéis que ha fallado?—volvió a insistir Croman.

—Que el semicírculo en el que teníamos que cercar al oso cuando llegara estaba demasiado cerrado. Por poco que la fiera se desviara, estaba claro que pillaba al que estuviera en ese lado —dijo uno de los cazadores, trazando unas líneas con un palo sobre la tierra.

Los demás asintieron.

Croman se limitó a decirles:

—Muy bien. Ya sabemos lo que tenemos que mejorar en la próxima batida. Hemos tenido mucha suerte. El oso de las cavernas no da una segunda oportunidad, es el animal más fiero de los alrededores. Creo que debemos seguir clamando para que nos proteja de otras fieras. Él nos da su carne y nosotros le pedimos que nos deje vivir con los nuestros.

Y todos estuvieron de acuerdo con las palabras de Croman. El murmullo se elevó por encima del fuego, donde la carne del oso ensartada en palos se asaba a las llamas. El olor decía que pronto estaría hecha lo suficiente como para que la encontraran sabrosa, aunque ya sabían que no era de las más tiernas.

De nuevo levanté la cabeza del portátil. Igual que antes, las miradas del equipo decían que estaban concentrados en la historia. Conforme leía, por el rabillo del ojo los había visto tomar notas, por lo que habían hecho los deberes. Incluso Andrés estuvo escribiendo buena parte del relato. Era el momento de averiguar lo que habían visto en la historia de Croman y los suyos.

—Bien, he visto que tomabais notas abundantes. Espero que el análisis sea tan rico como el de antes. Si me permitís, primero comenzaré yo lanzando alguna pregunta. Vamos a seguir esta parte del relato de modo que vayamos comparando lo que vimos o no vimos en Nean, en relación con lo visto en Croman y los suyos. Punto por punto. Así que, primera cuestión: ¿podéis indicarme si en este caso Croman cumple con lo que hemos dicho que eran axiomas del liderazgo? Si es así, me gustaría que entre todos explicarais en qué lo veis.

Esta vez no costó nada que opinara el primero. Fue Mateo.

—Croman tiene metas —dijo tras echar una ojeada a sus notas.

—Bueno, no es que las tenga Croman exactamente. Pero actúa como jefe: ayuda al clan a fijarlas, porque se está decidiendo si se mueven tras las manadas o se quedan, y parece que hay consenso en que les gustaría quedarse. Aunque tienen dudas y todavía no tienen soluciones, parece que se están clarificando —añadió Elia.

—Es una discusión que tiene que ver con el futuro del clan y pide que opinen sobre lo que hay que hacer. Hay cazadores que están viendo que con el tiempo cambia el tipo de caza —confirmó Doris.

—Y si se entiende como meta la caza del oso, está claro que las tienen. Croman decide que es mejor dejarlo para el día siguiente, pero quiere comprobar la posibilidad de encontrar las huellas para tratar de cazarlo. La meta aquí es cazarlo si son capaces de hallar su rastro —dijo Jesús.

—Yo también estoy de acuerdo. Croman y los suyos tienen metas —afirmó Doris.

—¿Son metas del clan o de Croman? —pregunté.

—Parecen de Croman, pero en realidad son del clan, porque lo que discuten tiene que ver con el futuro de todos ellos. El clan está en peligro y las metas que tratan de fijarse están relacionadas con la posibilidad de su supervivencia. Aunque todavía tienen el tema pendiente. Lo han dejado para el día siguiente —explicó Elia.

—Muy bien, estoy de acuerdo con vosotros. ¿Qué más podemos decir de los axiomas? —les recordé.

—El siguiente de la lista es sobre el rumbo, la estrategia. Aquí también se da. El jefe del clan los reúne en el momento en el que encuentran las huellas para explicarles un plan. Define la estrategia. El camino a seguir, la dirección que deben tomar. Eso sí que es fijar el rumbo. Para mí está clarísimo que cumple el axioma número dos —comenzó Marc.

—Yo también estoy de acuerdo con Marc. Hace que los demás conozcan el plan de caza —dijo Doris—. Los hace participar.

—¿Alguna otra palabra que defina esto último? —propuse.

—Los involucra —aportó la misma Doris.

—Tiene el sentido común de pedir que los demás opinen. Quizás él no tiene la idea precisa, pero la busca en el punto de vista de los demás —añadió Andrés.

—Cierto. Yo también creo que cumple con el axioma dos. ¿Qué me decís del tercero?

—El tercero tiene que ver con que los objetivos que Croman propone deben ser alcanzables con un esfuerzo razonable y posible. Quiero decir que tienen que ser metas posibles de alcanzar aunque, por supuesto, supone más trabajo. Al menos es lo que entiendo yo. ¿No os parece? —dijo Elia.

Los demás asintieron, pero quise aclarar y reforzar el concepto.

—Eso es. Lo hemos comentado hace un rato. Elia quiere decir que habrá que aportar algo más de esfuerzo, pero que contribuyendo con ese extra, pueden alcanzar el objetivo. Si son capaces de esforzarse. Es decir, si en el caso de la empresa, pongo mi conocimiento y mis habilidades para lograr la meta, y aun así no conseguimos alcanzarla, es que a lo mejor nos hemos equivocado en la dimensión del objetivo. Está demasiado alejado de las posibilidades, y por lo tanto, ¿recordáis?, no es un objetivo, es una estupidez.

Rieron por lo sonoro de la expresión, pero estaba claro que entendían que era algo así. Volví a observar las miradas cómplices, esta vez entre Mateo y Doris.

—Croman tiene en cuenta el tamaño del objetivo. Sabe que no será fácil porque es un oso hambriento y no se dejará coger fácilmente. Es una de las primeras cosas que les dice. De algún modo está haciéndoles ver a los demás que podría ser que acabaran sin poder cazarlo. Creo que tiene la medida del objetivo —dijo Elia.

—Cumple con el axioma tres. Fija metas que se puedan lograr. Con las dificultades que presenta la caza del oso, si lo consiguen es porque habrán trabajado duro, pero no es un objetivo imposible. Por el contrario, las posibilidades de éxito son bastantes, ya que son diez cazadores tras un mismo objetivo. Está claro —sentenció Mateo.

—Yo veo el axioma cuatro muy claro —saltó Marc—. En el grupo de cazadores hay veteranos y jóvenes que no tienen experiencia. A los veteranos parece que les basta con pocas explicaciones, pero a los jóvenes, o a uno de ellos, Croman le explica sin prisas por qué prefiere que vaya en el centro. Incluso deja que uno de los veteranos le cuente por qué es importante no ir el primero o el último. De esta forma está colaborando en implantar una cultura de ayuda entre personas con experiencia y los nuevos. Fijaos que Croman escucha a su gente y la hace brillar frente a los demás. Entienden que es importante escuchar al que tiene experiencia. Es precisamente el proceso de obtener el conocimiento de los cazadores más viejos.

—Eso en la empresa se llama algo así como *mentoring*, ¿no? —dijo Jesús.

—Así es. Viene de Mentor, el tutor de Telémaco. Cuando Ulises decidió partir a la guerra de Troya, dejó a cargo de la educación de su hijo al anciano Mentor. Así que lo que significa esa palabra no es otra cosa que el trasvase de la experiencia para que se convierta en conocimiento explícito y funcional.

Fui a la pizarra y les dibujé lo mismo que había dibujado hacía poco a los alumnos en la clase de la escuela de negocios.

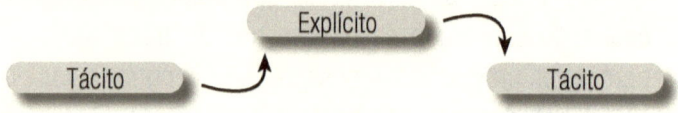

—¿Veis? El conocimiento del que habla Marc es un conocimiento tácito que se convierte en explícito para que más adelante vuelva a convertirse en tácito. El saber, la experiencia, es decir, el conocimiento tácito, se vuelca en los aspectos funcionales y técnicos. La persona aprende cómo se hacen las cosas, más adelante incorpora mejoras y con las mejoras el conocimiento vuelve a ser entregado a otros como saber y experiencia. Es un bucle que, en la empresa que quiere evolucionar, no termina nunca.

Jesús intervino:

—Claro, lo entiendo. Ese cazador joven tendrá en cuenta lo que los viejos le enseñen, pero además ha aprendido que construyendo una trampa quizás el riesgo se reduzca y haya más posibilidades de éxito, con lo que cuando él tenga que enseñarlo a otros, les contará a los cazadores nuevos que es mejor que vayan a cubierto, pues es menor el riesgo, mayores las posibilidades de continuar ayudando en la caza, y añadirá que si son capaces de hacer que el oso los siga, pueden llevarlo a un lugar donde sea más fácil matarlo. De esta manera habrá incorporado nuevo conocimiento basado en su experiencia anterior.

Aproveché para desarrollar el tema del conocimiento.

Sin moverme de la pizarra, les dibujé ese trapezoide que explicaba la primera capa, en una organización, según Nonaka:

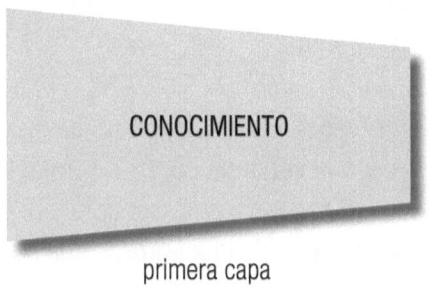

CONOCIMIENTO

primera capa

Me volví hacia ellos.

—En toda organización debe existir una primera capa que es de conocimiento. Pero no basta con esta capa. Es muy importante para que funcione el resto y tiene un valor parecido al de la motivación, cuando hablamos de la persona, en la organización. A partir de aquí es donde se asientan otras dos capas más. ¿Cuál puede ser la siguiente? —pregunté, mirando a Doris y luego a Jesús y al resto.

—¿El mercado? —preguntó Doris.

—No es la del mercado. Estamos dentro de la organización y son las tres capas que se requieren para que la empresa funcione. No hace falta irnos al mercado. Podríamos tener un mercado fantástico, pero si no podemos responder a sus exigencias o sus demandas, no serviría de mucho. Primero está la organización —aclaré.

Me di la vuelta y dibujé de nuevo.

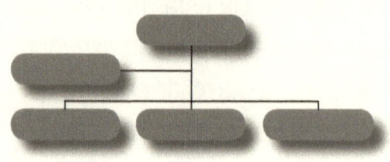

—¿Os suena esto? —pregunté.

La respuesta de Andrés llegó rápida y clara.

—Organigrama.

Sonreí.

—Desde luego, Andrés. Es un organigrama. ¿Y cómo lo relaciono con la segunda capa? —propuse.

Esta vez fue Jesús quien respondió rápido.

—El organigrama de la empresa es la segunda capa.

—¡Bien dicho! Entonces dejadme hacer esto. —Me volví a la pizarra e introduje el organigrama en un nuevo trapezoide:

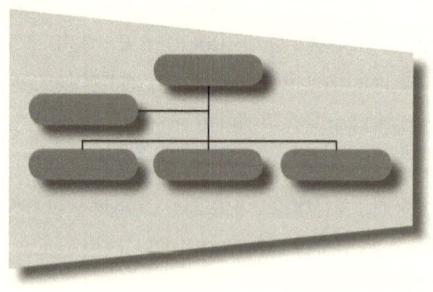

Enseguida anoté en la figura lo que faltaba:

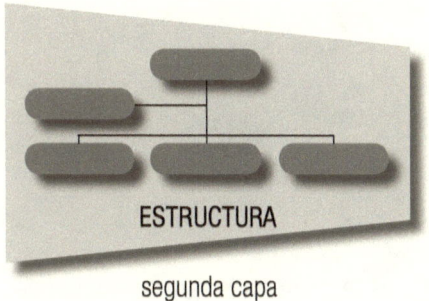

segunda capa

Los miré para comprobar si tenía alguna resonancia lo que les mostraba. Tenían la vista clavada en el dibujo.

—Falta la tercera capa. Tan importante como las otras dos. ¿Quién se arriesga? —dije.

Mateo levantó la mano, como si pidiera permiso, y dijo:

—Si la primera es el conocimiento y la segunda el organigrama, la tercera debe de ser las finanzas.

—Desde luego que las finanzas son importantes, muy importantes, pero entiendo que están dentro del propio organigrama. Lo que queremos expresar con un organigrama es la existencia de áreas totalmente necesarias para la empresa. Por lo tanto, las finanzas ya están incluidas en ese organigrama.

Regresé a la pizarra y no aguardé a que saliera la siguiente idea. No quise dar la sensación de no acertar en lo que se decía. Dibujé otro trapezoide y escribí sobre la figura:

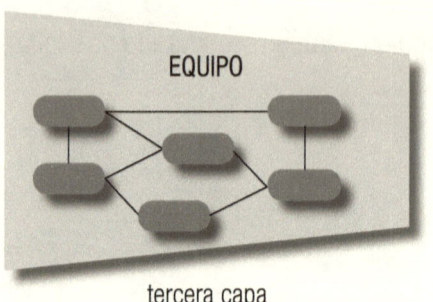

tercera capa

—Ésta es la capa en la que se construyen las relaciones entre los miembros de la organización —dije—. Es la que tiene que ver con el sentido de pertenencia a una organización, a una empresa, a un objetivo común. En esta capa se estrechan vínculos de colaboración. —Observé su reacción. Tanto Andrés como los otros atendían a las explicaciones. Hice una pequeña pausa para que la idea que quería soltar quedara reforzada. Luego la expresé enfatizando cada una de las palabras—: Es la capa en la que funcionan los proyectos. Las personas se orientan hacia proyectos con objetivos marcados. Cada vez más se ve la actividad de la empresa como una serie de proyectos, ya sean encadenados o en paralelo. —Todos asintieron. Entonces regresé a la pizarra y uní las capas de modo que se viera la relación entre ellas.

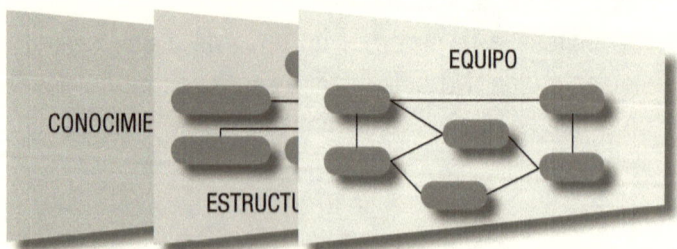

primera capa   segunda capa   tercera capa

Tras dibujar las diferentes capas en forma de hojas de libro, realicé unas conexiones de trasvase del conocimiento tácito y explícito, y de cómo lo aprendido se convertía en nuevo conocimiento:

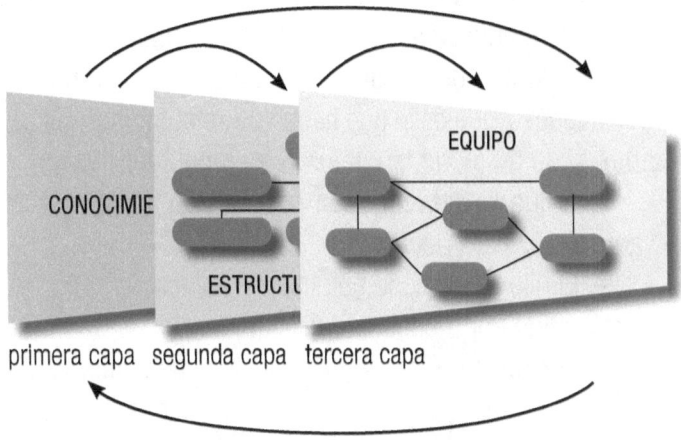

primera capa   segunda capa   tercera capa

Una vez enlazadas, volví a explicarles:

—Conocimiento, estructura y trabajo de equipo. La organización debe ser capaz de ensamblar las tres capas. Integrarlas unas con las otras, de modo que el conocimiento fluya con naturalidad a través de las diferentes áreas y responsabilidades. El objetivo es que cada una de las personas colabore en proyectos comunes, aportando lo mejor de sí. ¿Alguien observa este modelo en el clan de Croman?

Andrés fue el primero en intervenir:

—Parece que existe la capa de conocimiento. Se explica muy bien el modo en que se cazará el oso. La segunda capa, la de la estructura, viene dada por la persona que ejerce la responsabilidad del liderazgo y el resto de cazadores, que están organizados por él. Y la tercera pertenece al trabajo de equipo. Todos colaboran para alcanzar el objetivo.

—El proyecto es la caza del oso, se necesita el trabajo de los diferentes cazadores y cada uno hace lo necesario para que el oso termine ensartado dentro del hoyo —dijo Mateo, sumándose así a lo que había dicho Andrés.

—¿Alguien puede decirnos con qué se hilvanan las tres capas? ¿Qué es lo que hace que se combinen las tres entre sí de un modo tan natural? —pregunté.

Elia, que llevaba un buen rato callada, fue la que levantó la voz para decir:

—El hilo es el modo de actuar del líder.

No pude por menos que felicitarla:

—Bien dicho, Elia. Los ingredientes que conforman su estilo de liderazgo son las puntadas maestras que hacen que el conjunto de las tres capas funcione. Si no fuera así, las tres capas existirían pero no habría modo de hacer que funcionaran integradas. Se necesita que el líder hilvane el conjunto. —Quise que aportaran algo más de su cosecha y les pregunté—: ¿Alguien puede poner un ejemplo de ese cosido? Es el que ofrece la integración de todo el conjunto.

Jesús abrió la boca para decir:

—La tarde anterior a la salida, ya le había dicho al novato que salir tras el oso a esas horas era un suicidio. Le explica que no pueden seguir el rastro bien y que, además de ese animal, otras fieras podrían atacarlos. Le cuenta que es preferible la seguridad de la luz del día por muy ansioso que esté para salir tras la bestia…

Doris no lo dejó terminar.

—Ayuda a los suyos a desarrollar las capacidades.

—Correcto. Croman tiene en cuenta el axioma. Pero ¿es transparente?

—Ése es el quinto. No parece que tenga ningún doblez. Les explica lo que cree que es mejor —dijo Andrés.

—También estoy de acuerdo con eso. ¿Qué tal si revisamos las competencias que hemos definido antes como necesarias, para que podamos decir si tenemos líder o no? Comienzo por la primera: visión.

—Trata de hacerles ver el futuro que les aguarda en caso de seguir igual —dijo Mateo—. Lo que implica visión. O sea que, desde mi punto de vista, la tiene.

—¿Y capacidad estratégica? —pregunté sin mirar a nadie en particular.

Elia recogió el guante.

—Puede que él tenga alguna, pero creo que lo más importante es que busca que le ayuden a encontrar la que les conviene. Para mí que su interés en hallar el modo, en tomar el camino adecuado, define ya su capacidad estratégica. Piensa en ella, lo que implica contemplarla.

—Estoy de acuerdo, Elia. ¿Y qué pensáis de la proactividad? ¿Existe?

—Deja pensar y algunos opinan. Tienen ideas y las exponen. Hay proactividad —confirmó Jesús.

—Así es. Parece razonable que esa invitación a dar un paso adelante genera proactividad en otros temas —dije—. Pero ¿y la del trabajo en equipo? ¿Qué me decís? ¿Tiene esa competencia? —Esta vez miré a Doris, que hacía un rato que no intervenía.

—Evidentemente, la tiene. Sabe que cazar al oso es un trabajo entre varios y es así como saldrán a cazar.

Pero, además, reparte las tareas que tendrá cada uno para poder alcanzar el objetivo. Define muy bien qué tiene que hacer cada cazador —dijo Doris.

—Creo que está muy orientado al trabajo en equipo. Consensúa con el clan lo que deberán hacer en el futuro, les pregunta la opinión...

—No sólo eso, es capaz de cambiar su propio punto de vista cuando comprende que la idea de uno de los suyos es mejor que la que tenía él. De ir tras el oso, pasa a atraerlo hacia una trampa. Dice que minimiza el riesgo y lo acepta sin ningún problema. Aunque es el jefe, no tiene problemas para renunciar a su idea. Colabora con el equipo. También es flexible, aunque esa competencia no toca todavía —soltó de carrerilla Doris—. Perdona, Jesús, te he interrumpido —se disculpó.

—No te preocupes. Estoy de acuerdo contigo. Aunque es el jefe, no hace las cosas a su manera sino que toma en cuenta la opinión de los demás.

—Pero ¿no asume demasiado riesgo al tomar la decisión? —preguntó Andrés—. Podría haberse equivocado y llevar al desastre a su gente. Si es el jefe del clan será porque es un cazador experimentado que ya ha vivido situaciones parecidas. Tengo la impresión que deja la decisión en manos de cazadores que quizá no tengan las ideas tan claras como él.

No hizo falta que yo interviniera. Elia se encargó de responder la pregunta.

—Yo insistiría, como dije en el caso de Nean, que es más fácil que se equivoque uno, que no que esté equivocada la mayoría. Hay menos margen para el error. Además, que sea jefe del clan no quiere decir que no haya cazadores que tengan más experiencia que él...

Quise echar una mano a Elia.

—De hecho, cuando Croman reúne al clan para hablar del futuro, escucha con mucha atención a Ontas. No es jefe, pero es un cazador viejo que tiene experiencia y él lo reconoce. Quizás es jefe por otras razones, no sé, quizá lo es porque consigue relacionarse muy bien y genera una buena sintonía para que trabajen en equipo cuando salen de caza e incluso cuando trabajan en el poblado. Es posible que tenga una buena capacidad de ver las cosas globalmente, o de juntar las piezas del puzle y, una vez reunidas, adivinar qué es lo que hay que hacer. O tiene el respeto de todos porque se comporta bien siempre. Incluso puede que tenga la destreza de detectar las habilidades de cada uno de ellos y tener la capacidad de pedirles que las usen cuando salen de caza. No tiene que ser el más experimentado, ni siquiera el más inteligente. La inteligencia debe usarla para comprender que existen otros puntos de vista que, respaldados por argumentos, pueden ser tan sólidos o más que los suyos. Estoy de acuerdo con Elia: tiene más oportunidades de decidir lo mejor si escucha otras opiniones. Si recordáis, una de mis frases cuando nos presentaron es que en ocasiones los árboles no dejan ver el bosque, y en este clan hay alguien que ha logrado tomar la distancia suficiente como para verlo en conjunto.

Andrés pareció convencido con la explicación.

Los demás también la aceptaron. Percibí un gesto de agradecimiento en el rostro de Elia. Pero la sesión no había terminado, aún quedaba un buen rato por delante. Volví a preguntar:

—¿Alguien quiere decir si aparece la competencia de la empatía?

Jesús intervino sin dar tiempo a que nadie se le adelantara.

—Se pone en el lugar de Koa. Sabe que no tiene experiencia y procura que quede al resguardo del peligro más inmediato. También lo veo en la pregunta que le hace al cazador sobre si tiene una idea mejor. Escucha atento. Hay otros ejemplos, pero creo que en esos se percibe bien.

—Estoy de acuerdo con Jesús. Se pone en el lugar de los demás. Tiene empatía. —confirmó Andrés.

—Pues le toca el turno a la ética. ¿Alguien la ha visto en algún lado? —pregunté, dejando que alguno de ellos ofreciera la respuesta.

Marc no dejó pasar la ocasión y respondió enseguida:

—A mí me parece que puede verse en el gesto de defender al centinela. Ya sé que es un acto de valentía, pero tengo la impresión de que no hubiese sido ético descubrir el ataque del oso y que se hubiera quedado gritando para que vinieran los otros cazadores. El tiempo de reacción es importante y Croman no aguarda. Actúa. Yo al menos lo veo ahí. Creo que entre sus valores está el de ayudar al que lo necesita y cumple con esos valores. Forma parte de su conducta, y tengo entendido que la ética tiene que ver con la conducta moral. Cuando digo moral, no quiero decir que tenga algún sentido religioso, más bien implica que actúa de acuerdo con lo que ha aprendido y este aprendizaje forma parte de sus normas. No sé si me explico...

—Marc, te explicas muy bien. Me parece que todos entendemos lo que quieres decir, ¿no es cierto? —pregunté a los demás y todos estuvieron de acuerdo con la claridad de la exposición de Marc—. Ese gesto rezuma ética. Quizá no hay muchos más elementos en el relato que incidan en la cuestión, pero parece que si analizamos todas las demás competencias que forman parte del personaje, está claro que todas ellas apuntan a una persona que incorpora la ética a su perfil, ¿no es así?

Todos ellos asintieron abiertamente.

Dejé pasar un instante, para que se asentara la cuestión bien, luego miré a Mateo y le pregunté directamente:

—Mateo, te ha tocado: ¿crees que Croman tiene credibilidad?

Sonrió ante la pregunta y no le costó responder:

—Es evidente que los suyos lo siguen.

Quise dificultarle el análisis.

—También siguen los suyos a Nean.

Mateo se revolvió en el asiento antes de responder:

—No es comparable. A Nean lo siguen porque le tienen miedo. A Croman lo siguen porque lo respetan. Por la manera de actuar, tiene credibilidad entre los suyos.

—No hemos visto alguna escena que lo muestre directamente, pero se intuye. Estoy de acuerdo con Mateo; tal y como se desarrollan los acontecimientos, siguen a Croman porque se hace respetar, no temer. Me viene la imagen de cómo trata Nean al herido y cómo lo hace Croman al acercarse a su cazador para verificar que se encuentra bien, pero no es sólo eso; como Andrés dijo antes al hablar de sus capacidades, Croman no tiene ningún doblez, lo que significa que es transparente para los demás.

Al sentirse citado, Andrés mostró un gesto de satisfacción que fue evidente para todos los demás.

—De acuerdo. ¿Orientación a los resultados? —proseguí.

Doris tomó la palabra.

—Tiene claras dos cosas: que deben hacer algo para solucionar el futuro, y que quiere cazar al oso. Todo lo que hace en las escenas que hemos escuchado está orientado a una u otra meta. Aunque existen dificultades, no se repliega a esperar a que lleguen tiempos mejores. Quiere continuar y busca las soluciones para poder conseguir los objetivos. Por lo tanto, para mí tiene una gran orientación a los resultados.

—Opino lo mismo, Doris —apuntó Andrés—. Propone hallar una salida a la situación y los dirige hacia el objetivo, que es conseguir carne para el clan. Tiene iniciativa.

—Creo que en eso estamos de acuerdo todos —intervino Marc—. Nadie del clan podría decirle que no se preocupa de lo que ocurre o que le dé la espalda a los problemas que aparecen en el horizonte. Está buscando un paraguas para el chaparrón que se avecina.

Reímos la salida ingeniosa de Marc, y les propuse la siguiente:

—Comunicación.

—A éste no le quitarán el empleo por no hablar —soltó Mateo queriendo hacer un comentario gracioso.

—Está en constante comunicación con su gente. Reúne a sus cazadores, les pide su opinión, les da la suya, les enseña, y no deja de hablar con ellos. Sabe transmitir muy bien sus ideas —dijo Elia.

—La siguiente competencia es el concepto de creatividad. Ahí no tengo tan claro que la tenga. No se ha visto nada que nos lleve a creer que es un personaje creativo —respondió Doris.

Marc intervino.

—Pero en cambio alguno del grupo de cazadores, no recuerdo si ha salido el nombre, y si ha salido no he tomado nota...

—No ha salido el nombre —le informó Elia.

—...pues el cazador que les da la idea de la trampa parece que tiene más creatividad que el jefe. O no se le había ocurrido a él o es que esperaba que alguien dijera otra cosa —continuó Marc.

—¿Qué os parece a los demás? ¿Creéis que, como dice Marc, Croman no posee la cualidad de ser creativo? —pregunté.

—Creo que no. Pero en cambio posee la cualidad de escuchar —respondió Doris—. Quizás el concepto de creatividad en Croman se demuestre precisamente en su capacidad para escuchar las nuevas ideas. Aunque vengan de otro. Eso podría ser también creatividad. De algún modo aceptarla en otros es también una prueba de creatividad, ¿no os parece?

—Bueno, yo pienso que eso no es lo que se entiende por creatividad, Doris. Él no parece creativo, pero escucha y busca quien lo sea en el clan. A menos que poseer rasgos de creatividad pueda estar relacionado con saber buscarla. No lo tengo tan claro. Pero lo que enseña es que si no tienes esa competencia y, además, tampoco tienes la de escuchar a los que te rodean, no hay modo de que aflore. En cambio, al pedir ideas, posibilitas que la persona que tiene esa competencia la ponga al servicio del grupo. Eso sí. Lo que quiero decir es que aunque el líder no la tenga, tiene la oportunidad de obtenerla para el equipo, que al final es lo que importa. Eso quiero decir —respondió Mateo a Doris.

—Entonces estáis de acuerdo en que es muy importante que pueda reconocer si alguien del equipo tiene esa cualidad. De modo que se convierta en una competencia al servicio de todos —quise saber.

—Desde luego —respondió Elia, y los demás estuvieron de acuerdo con ella.

—¿Y adaptación al cambio? —pregunté.

—Bueno, no ha terminado el asunto. Parece que tienen que decidir lo que harán en el futuro; pero, ya de entrada, cuestionarse que puede ser diferente y que deben hacer otras cosas para sobrevivir denota adaptación al cambio. Sabe que tienen que hacer las cosas de diferente manera y está dispuesto a convencer a los demás de la necesidad. Creo que sí —opinó Jesús.

—Entonces, ahora sí confirmamos la competencia que ya nos había descubierto Doris, la de adaptación al cambio tenemos que asociarla de alguna manera a la competencia de flexibilidad —propuse.

—Se ve claro cuando cambia el plan de caza del oso. Reconoce que conviene más el cambio de estrategia y decide apartarse del plan original. Es muy flexible, sin duda —intervino Elia, esta vez.

Sus compañeros asintieron con gestos de cabeza. Incluso Andrés lo hizo.

—El análisis ha estado a la altura del anterior. Estoy muy satisfecho con vuestras reflexiones. Muy bien —los animé—. Ahora seguiré con la historia, pero regresamos al clan de Nean.

Hubo un murmullo que se acalló en cuanto comencé a leer.

ean despertó arrebujado en su piel, semio-
culto entre el embrollo de cuerpos tumba-
dos junto a la hoguera. Elevó la cabeza y
miró alrededor. Los miembros del clan se apretaban
los unos contra los otros en busca del calor que ya no
proporcionaba la lumbre. Las llamas habían dejado
lugar a las brasas, y éstas, recubiertas de ceniza, se no-
taban poco en las primeras horas del día. A uno de los
niños le castañeteaban los dientes. Se movió, tratando
de colarse bajo el cuerpo cercano, y cuando estuvo pegado al otro, dejó de tiritar.

Nean se movió, empujó el bulto que tenía más cerca y el otro, semidormido, lanzó un gruñido de rabia.
Se levantó y dirigió la primera mirada hacia la entrada
de la cueva.

El centinela estaba recostado en la piedra, envuelto
en una piel de oso, y dormitaba igual que si no hiciera guardia. Nean caminó por entre los cuerpos y fue
hacia él. Antes de llegar junto al hombre, se agachó y
recogió un madero. Procuró no hacer ruido. Cuando
estuvo junto al centinela, levantó el madero y le asestó

un golpe en la cabeza que le abrió una brecha profunda. El centinela cayó hacia un lado y el resto del clan despertó con el ruido. Nean gritó al hombre que, aturdido en el suelo, se tocaba el punto de la cabeza por donde se le escapaba la sangre. El clan entero se desperezó, pero al comprobar el origen del jaleo, algunos se envolvieron de nuevo con las pieles y trataron de seguir durmiendo; sin embargo, los gritos de Nean, esos bramidos de uro furioso que lanzaba, no permitían que se quedaran dormidos otra vez y acabaron por levantarse.

Nean hizo gestos tan claros que los demás comprendieron que le decía al centinela que ese día marcharía en el primer lugar de la columna. El centinela tenía la mano en la cabeza y trataba de tapar la brecha abierta, pero la sangre se colaba por entre los dedos y resbalaba hacia el codo. Al reconocer el castigo, torció el gesto. Sabía bien que aquello significaba que sería el primero en entrar en contacto con la presa. Si tenía suerte y era un animal de escaso tamaño, quizá no saliera mal parado; pero si se trataba de uno grande y con ganas de hincar el diente o el cuerno al primero que llegara, entonces sus posibilidades eran tan escasas como la carne en la despensa de la cueva.

Nean lo dejó con la mala noticia y fue en busca de su cuchillo de piedra. Rebuscó entre las brasas y encontró un hueso que aún tenía pegado algo de carne. El hueso y la carne estaban negros y resecos, pero lo tomó y estuvo rebañándolo con el cuchillo de piedra hasta que ya no quedó nada que rascar. Tiró el hueso pelado entre la ceniza y guardó el cuchillo en un pliegue de la piel. Se volvió hacia los demás y agitó los brazos en el aire haciéndoles entender que era hora de marchar. Pero los hombres se movían perezosos en busca de algún pedazo de carne que hubiera caído entre las piedras la noche anterior. Uno se tiró hacia el pedazo de cuero que había sobrado de los recortes, por si aún tenía pegado algo de grasa. No quedaba nada pero se lo introdujo rápido en la boca, como si tuviera miedo de que los otros se lo arrebataran. Era lo único a la vista que había para engañar el hambre. Comenzó a darle vueltas entre los dientes rotos, haciendo el mismo ruido que las viejas cuando mordían el cuero para ablandarlo con las encías. Las mujeres y los niños se movieron en busca de raíces, hojas y cualquier otra cosa que pudiera llenar el estómago, para no sufrir dolores de vientre. Otros, en cambio, buscaron la espalda de Nean, quien después de tomar las armas, había iniciado el camino en busca de la caza. Los cazadores del clan lo siguieron cabizbajos y en silencio.

El sol ya había llegado a lo más alto y ahora llevaba un tiempo cayendo en busca del horizonte. Los cazadores subían la ladera de una montaña para ver si desde la cresta podían divisar alguna presa. El hombre que había sido castigado caminaba al frente del pequeño grupo. Detrás lo seguían dos más. Tras ellos, pero a no menos de cincuenta pasos de distancia, marchaba Nean y, más atrás, el resto de los cazadores, que mostraban ya señales de cansancio. El último de ellos los perdía de vista de vez en cuando. Caminaba con dificultad y mostraba una herida en el pie que sangraba con abundancia. Él no lo sabía, pero desde hacía mucho rato un felino de piel rayada y colmillos largos y curvos seguía el rastro de sangre.

Al llegar a la cresta de la cordillera, el cazador que iba a la cabeza se detuvo. Miró hacia el horizonte, tratando de descubrir alguna manada de uros o cualquier otro animal. La estepa de los llanos dejaba paso en algunos lugares a los árboles de ramas bajas. Escudriñó atento por si se movía alguna rama que indicara la presencia de alguna pieza. Pero nada se movía por el valle. En cambio, divisó una columna de humo, muy alejada en el norte, allá donde comenzaba un pequeño bosque de coníferas, y avisó a Nean con sus muecas y sus aspavientos, saltando sobre el terreno sin avanzar un paso.

El grupo entendió y detuvo la marcha. Creían que otro clan estaba cerca y no era conveniente dar señales de su paso.

Nean lo alcanzó y miró hacia donde indicaba el hombre. Observó el bosque de coníferas. Un cordón de humo tan grueso como el tronco de uno de aquellos árboles se elevaba por encima de las copas, se abría pronto y desaparecía después en las alturas.

El cazador que había divisado la columna se hizo entender con sus bramidos y gestos:

—Son de los que llegaron. Quizá podamos verlos.

Pero las señas de Nean significaban otra cosa:

—Si nos descubren querrán lo nuestro.

Mientras tanto, se habían unido a ellos los que venían detrás de Nean. Uno de los recién llegados elevó su bramido por encima de los otros, y con los gestos de sus brazos y sus pies les dijo que aquellos de la columna de fuego estaban antes y que si se unían a ellos quizá les enseñaran cosas que el clan de Nean aún no conocía.

El rostro furibundo de Nean y sus gruñidos broncos le hicieron saber al cazador que no le gustaba la idea. Entonces el hombre propuso atacar a los de la hoguera y llevarse lo que encontraran en su campamento. Tampoco pareció acertar con la propuesta. Al final mostró su desacuerdo con ademanes furiosos de sus brazos y movimientos continuos de su cabeza.

Nean se volvió para mirar al cazador y con el gesto fue suficiente como para que el hombre diera dos pasos hacia atrás y quedara al resguardo del alcance del brazo de Nean.

De pronto oyeron el rugido y el grito de uno de los cazadores. Miraron hacia el lado de la cuesta que habían subido. Más abajo, al fondo, vieron el movimiento de ramas y de cuerpos. Aunque estaba lejos, pudieron ver cómo el felino de colmillos prominentes mordía a su compañero en la garganta y sacudía su cuerpo hacia los lados como si quisiera romper su pescuezo. El hombre gritaba de dolor entre las fauces de la bestia. Los que estaban junto a Nean, y el propio Nean, se aprestaron para defenderse en el caso de que le diera por subir tras ellos, pero al cabo de poco tiempo dejaron de escuchar los gritos y vieron cómo el animal arrastraba al cazador hacia el interior de la maleza.

Nean apuró a los suyos para escapar ladera abajo, pero en vez de dirigirse hacia el lugar de donde salía el humo, los llevó en otra dirección. Los cazadores lo siguieron, y aunque veían que por aquel camino jamás se encontrarían con otros clanes, tampoco se negaron a seguirlo. Tenían miedo de la reacción de Nean. Sabían lo que podía hacer si alguno se atrevía a llevarle la contraria, por lo que se limitaron a correr tras el jefe.

Levanté la vista hacia Andrés y los suyos.

—Hemos seguido otro tramo a Nean y los cazadores de su clan. ¿Qué ha sucedido?

—Es duro con su gente —dijo Doris.

—Castiga los errores —anotó Mateo.

—Salen a cazar en las mismas condiciones que el día anterior. Caminan en busca de presas, pero no saben muy bien hacia dónde deben encaminar sus pasos —confirmó Jesús.

—Yo creo que lo de la dureza de Nean se ve sobre todo en el cazador que dejan atrás. No se preocupa ni se pregunta si está herido o si le sucede otra cosa. Ni se acuerda de él, pero la fiera sí y es ella la que se encarga de él. No parece que la reacción de Nean sea la mejor para con sus hombres —dijo Elia, convencida.

—Imagino que el resto debe de estar pensando: «Si la próxima vez me sucede a mí, éste me dejará igual». No parece que sea muy alentador —añadió Marc.

—¿No os ha sorprendido nada? —insistí.

Elia pareció comprender el sentido de la pregunta.

—Que no quiere ir al encuentro de otros seres humanos.

—Tiene miedo o no le interesa que otros puedan poner en duda su jefatura —corroboró Mateo.

—Creo que tiene miedo de que pueda surgir otro líder para el clan. No quiere competencia —dijo Doris—. En el clan actual ya tiene su lugar. Lo ha ganado creando miedo en el cuerpo de los de su grupo, pero en realidad el miedo le viene de dentro. Él es el primero en generar miedo porque desconfía de sus propias capacidades como jefe y teme que lo destituyan. Si tiene contacto con otros clanes, quizás haya otros cazadores ajenos a su clan que quieran asumir su posición. Y él no está dispuesto a pasar por ahí. Tiene miedo de que los suyos no lo defiendan frente a los otros.

—Es posible que sea eso —intervino Andrés—. Pero creo que además no ve la necesidad de sumar fuerzas en esa crisis. Parece evidente que tendrían más oportunidades de sobrevivir si sumaran fuerzas.

Estuvieron de acuerdo con Andrés.

—¿Veis algún peligro asociado a eso? —pregunté.

—Que pierdan la oportunidad de dar con la salida a la difícil situación que viven —dijo Marc.

—Si no pueden ver lo que hay más allá, no podrán aprovechar el conocimiento de otros. Las soluciones de otros —dijo Elia.

—¿Algún ejemplo actual? —pregunté.

Andrés intervino:

—Recuerdo bien uno de los ejemplos que pusiste en el máster: aquel de la marca de confección que utilizó las tecnologías desarrolladas sobre todo en automoción y otras que venían de los operadores logísticos. Fue pionera y se hizo con la mejor posición en el mercado. Eso significa que si podemos observar lo que existe en el entorno, daríamos el primer paso para ver cómo podría adaptarse ese producto a nuestros intereses. Por el contrario, si cierras los ojos, corres el riesgo de querer inventar la sopa de ajo. Una sopa de ajo que quizás, además, ya esté inventada.

—Totalmente de acuerdo, Andrés. ¿No os parece? —les dije a los demás.

—Yo también estoy de acuerdo —aportó Doris.

—Y yo —dijo Jesús.

—Es difícil no estar de acuerdo con algo así —concluyó Elia.

—Nean cierra los ojos. Él no tiene la visión, pero con su actitud provoca que si hay alguna posibilidad de mejora en el entorno, no la conocerán. Su supervivencia continuará ligada a lo que salga del jefe, de Nean. A sus ideas —remachó Mateo.

—Tampoco sabe lo que es estrategia. Vive muy al día y lo único que busca es el condumio para ese momento —opinó Jesús.

—Eso es porque no es proactivo ni busca que los demás lo sean. Todos están a la espera de lo que diga el jefe, y si el jefe no dice cosas buenas, pues eso, lo aceptan de todas maneras para evitar las consecuencias —dijo Marc.

—O sea, que de trabajo en equipo ni hablar, ¿no? —pregunté.

—Vieron que la fiera atacaba a uno de los suyos y salieron zumbando. ¡Menudo trabajo de equipo! —dijo Elia.

Los demás reímos.

—Cualquiera se pone en el lugar de los demás. Todo el mundo piensa que el próximo puede ser él. Si eso es empatía, tienen mucha —continuó con la broma Doris.

—No, es evidente que eso no es empatía —respondí.

—Lo mismo sucede con las otras competencias: no hay ética, ni credibilidad, ni comunicación, creatividad, flexibilidad y todo eso. En este clan falla todo lo que en el de Croman funciona.

—Escasas oportunidades las que tienen —concluyó Jesús.

No quise ahondar más en el concepto y les dije:

—Así es. Por el momento están marchando en pos de las presas. Así que dejaremos que lo hagan tranquilos, si es que encuentran lo que buscan, y ya nos uniremos a ellos más adelante. Pero ahora quiero que nos movamos algo más al norte, en busca de Croman y su clan. Parece que tienen algo entre manos.

Acerqué la pantalla del portátil y me puse a leer de nuevo.

Esa mañana los cazadores se entretenían preparando y dejando listas las armas. El oso les había dado una reserva importante de carne y decidieron postergar la salida en busca de caza. Las mujeres y los niños, que habían salido temprano a recolectar vegetales y acarrear el agua, regresaron cuando el clan estaba en plena actividad. Croman los llamó para reunirse. Les dijo que, ya que no lo habían hecho antes, era el momento de exponer las ideas sobre lo que habían estado hablando el día anterior. Acarició el vientre de su mujer, fue hacia la piedra que hacía de punto de encuentro y se dispuso a tomar la palabra de nuevo.

—Quedamos que hablaríamos de lo que hay que hacer. Yo he pensado y espero que vosotros también lo hayáis hecho.

Todos aprovecharon para ponerse a hablar entre ellos. Croman les indicó silencio y le hicieron caso. El murmullo se acalló.

—Me gustaría escucharos —les dijo.

Uno de los cazadores viejos alzó la voz sobre los demás:

—Ayer dijimos que la mayoría está de acuerdo en quedarse en este lugar. Que nos gusta porque tiene de todo lo que necesitamos. Así que lo que propongamos debería ser contando con eso.

—Estoy de acuerdo —dijo otro—. Debemos proponer soluciones para poder cazar las presas de por aquí.

—Que hable Ontas —propuso un tercero.

Ontas miró a Croman, quien le hizo un gesto de asentimiento con la cabeza para que hablara.

—Si los animales son diferentes y requieren de otra manera de cazar y otras armas, nos tenemos que centrar en ello. Pero ya dije ayer que si cada vez tenemos que salir los mismos a por las presas y a la vez somos los mismos quienes fabricamos cuchillos y hachas, no podremos idear otras herramientas. Mi idea es que un número reducido de nosotros debe trabajar sólo en eso. No salir a cazar. Dedicarse a pensar y a fabricar armas que sean válidas para la nueva situación.

—¿Y los demás les traeremos la caza? ¿Para que coman lo que no han ganado? —protestó en voz bien alta uno de ellos.

El grupo estuvo de acuerdo con el hombre y el murmullo creció.

Ontas elevó la voz para que todos pudieran oírlo.

—Habrán ganado la caza si nos fabrican armas con las que podamos abatir a los animales con menos riesgos. ¿No estaríais dispuestos a darles parte de la carne?

—Veo por dónde va la idea de Ontas y os digo que estoy de acuerdo con él —dijo Croman—. No importa quién caza si los que se quedan en el poblado trabajan para que sea posible mejorar nuestras herramientas. No se quedarían a recoger raíces. Eso ya tenemos quién lo haga —insistió, mirando hacia las mujeres y los niños—. Su trabajo sería el de pensar qué armas sirven para matar a presas grandes. O ideando la manera de que no nos vean en los espacios abiertos. Ya no quedan muchos lugares en los que podamos escondernos. Hay menos árboles y arbustos. Nos ven a distancia.

El llamado Veta alzó su voz.

—No veo cómo podemos cazar mamuts con estas armas —dijo mostrando la lanza terminada en punta de piedra afilada—. No les hace gran cosa y aunque las afilemos mejor, no conseguiremos mejorar su eficacia. No sirve.

—Eso es precisamente lo que queremos evitar —dijo Croman—. Que tengamos que seguir utilizando lo que no nos conviene. Estoy con Ontas. Que un pequeño grupo se dedique a pensar otras armas.

—¿Un pequeño grupo? ¿Quiénes? —preguntó otro de los cazadores.

—¿Quiénes son los que tienen buenas ideas en el clan? —preguntó Ontas—. Si tienen buenas ideas en la caza, tendrán buenas ideas para hacer las herramientas. Ya os digo que yo no soy uno de ellos. No tengo mucha ocurrencia.

—No estoy de acuerdo. Está claro que tú, Ontas, has tenido esta idea y eso quiere decir que puedes tener muchas más. ¿No os parece? —preguntó Croman al clan.

Y el clan entero respaldó lo que había dicho Croman. Todos sabían que Ontas tenía ideas. Por lo tanto, no tuvo más remedio que aceptar lo que el clan había propuesto. Luego continuaron buscando a alguien más. El siguiente fue el que había dado la idea de la trampa para el oso. Y aún buscaron a un tercero que era otro de los cazadores que proponía cosas interesantes cuando salían de caza.

El grupo de tres fue liberado de salir a cazar. Establecieron que se quedarían para desarrollar nuevas herramientas. Y los tres acordaron apropiarse de un espacio en uno de los lados del perímetro del campamento, que estaría dedicado sólo a eso y al que nadie iría para no molestarlos en el trabajo.

Esa tarde hicieron un fuego enorme en el que asaron los pedazos del oso que tenían reservados y algunas de las piezas pequeñas, cazadas el día anterior cerca del riachuelo que corría al otro lado de la vaguada. Las mujeres las habían desollado y ahora formaban parte de la comida que se cocía en el fuego. Las llamas no eran altas, y algunas ramas poco secas despedían una columna de humo que podía verse a mucha distancia. Uno de los cazadores se lo hizo saber a Croman:

—Los que ya estaban asentados en estas tierras verán el humo y los tendremos aquí en poco tiempo.

—No importa. Puede ser muy bueno que veamos lo que hacen otros. Quizás han encontrado el modo de sobrevivir. Y si no es así, a lo mejor tendremos más fuerza juntos para hacer lo que nos proponemos —respondió su jefe.

—Hace tiempo tratamos de acercarnos a ellos y nos recibieron con sus armas —dijo uno de los hombres del clan.

—Es verdad. Sólo quieren guerra —añadió otro.

Más allá se oyó la voz menuda de una mujer:

—Pueden venir a matarnos.

—Entonces los recibiremos con guerra —contestó rápido Croman.

El clan celebraba el que hubiera un cambio que les traía nuevas esperanzas.

Levanté la vista del ordenador.

—Nueva situación. El clan de Croman tiene cosas que decirnos. ¿Quién es el primero que nos ofrece su punto de vista? —pregunté.

Doris estuvo al tanto y quiso ser la primera.

—Todo lo contrario a lo que hemos visto en el clan de Nean. Allí ha seguido con el mismo patrón. Más salidas a la aventura.

—Por otro lado, aquí hemos vuelto a ver el trabajo de equipo. Los cazadores del clan de Croman pueden decir lo que piensan. Es más, el jefe les pide que lo hagan, y además les hace caso. La idea del taller de herramientas se le ha ocurrido a Ontas, el que no es jefe, pero el jefe la aprovecha —anotó Jesús.

—Y hay un dato que para mí es muy significativo. Nean no quiere contacto con otros porque teme, y en cambio Croman está dispuesto a recibir a otros clanes para ver si intercambian experiencia, o al menos para sumar más y poder realizar el plan con más garantías. Me ha parecido muy interesante —remarcó Elia.

—Bien visto. Vayamos a lo siguiente. Creo que nos estamos acercando al final.

Puse la pantalla a la distancia adecuada para leer y seguí.

*L*a llegada a la cueva fue desalentadora. Los hombres de Nean regresaban sin una pieza importante y con el cadáver de un cazador que había muerto casi al llegar a la cueva —al otro lo había devorado el felino y no regresaron para comprobar si quedaba algo—. Aparte de este fardo, dos de ellos cargaban sobre los hombros una culebra gorda que al menos les daría algo para llevarse a la boca. Pero con el tamaño tan exiguo del animal, esa noche alguno de los miembros del clan se quedaría sin probar bocado.

Para empeorar las cosas, la recogida de raíces y bayas había sido escasa. Un mamut se había acercado a las mujeres y éstas habían corrido perdiendo lo que llevaban recolectado hasta ese instante. Pero ya no regresaron para recuperar las piezas. El mamut se había paseado cerca de la cueva y a última hora de la tarde había decidido regresar a la zona más boscosa.

Entrada la noche, algunos de los que no habían probado bocado de la culebra pensaron en la carne del muerto y se llevaron el cadáver fuera de la cueva para regresar con grandes pedazos que soltaron sobre las brasas.

Al principio nadie se acercó. Dos hombres tenían la carne pinchada en palos afilados cerca de las llamas. De vez en cuando la acercaban al fuego y luego la retiraban antes de que se volviera negra. Uno de los pequeños se acercó a un pedazo, cuando el hombre se dio la vuelta para mover las brasas. El niño estiró la mano y corrió con la carne. El hombre se volvió rápido, le tiró el palo con el que removía la lumbre y le acertó en la espalda. El pequeño cayó de bruces al suelo y golpeó con el rostro en la piedra. Le costó levantarse y, cuando lo hizo, lloró y se sujetó con la mano la boca para detener la sangre, pero ésta ya le corría por entre los dedos. Sobre la piedra podían verse un par de dientes pegados a un cuajo de sangre roja y, algo más adelante, la carne que el niño había tomado de la estaca arrimada a la hoguera. El cazador pasó gruñendo junto a él, recogió la carne y la puso de nuevo cerca del fuego.

Más tarde, mientras la carne aún chisporroteaba en la lumbre, los murmullos de los cazadores se solapaban con el canto de las lechuzas. Nean, sentado a solas sobre una roca del rincón de la entrada de la caverna, observaba los movimientos de los hombres. Tenía la mano cerrada sobre la piedra afilada y la mandíbula tensa. Por un momento desvió la mirada hacia la luna, pero ésta estaba cubierta por negros nubarrones y pensó que la noche sería larga y oscura.

¿Y bien? —pregunté alzando la vista sobre los componentes del grupo.

Esta vez fue Andrés quien rompió el silencio.

—Parece que las cosas empeoran.

—No hay motivación por ninguna parte —dijo Elia.

—Cunde el desánimo. La escena es de lo más triste —apuntó Doris.

—Parece que nada les sale bien. Es como si estuvieran gafados —opinó Jesús.

—Aquí se ve claro que Nean no pinta nada. Está ahí porque lo temen: es el jefe que a quien diga lo contrario le parte la cabeza, pero nada más —explicó Marc.

—Es la imagen de la derrota —soltó Andrés.

Los demás estuvieron de acuerdo.

Mateo volvió a poner el dedo en la llaga:

—Han comenzado a comer carne humana. Ya no les importa la despensa. Se han decidido por el camino fácil. Eso es una mala señal.

—Es una etapa complicada —dijo Elia.

—Para Nean y para el clan, porque no se ven soluciones —intervino Doris.

—Y lo peor es que, tal y como ha manejado Nean al clan, parece que no habrá remedio aunque él muera. La escuela que ha dejado es la de no tomar decisiones por su cuenta. Lo más probable es que acaben mal —confirmó Jesús.

—El futuro es negro, como dice la metáfora que hay en la imagen final de ese capítulo. No se les puede augurar nada bueno —comentó Marc.

—Noche larga y negra la que les espera —dije cerrando ese capítulo—. Y ahora, por último, regresemos a Croman y los suyos. Veamos qué hacen. Escuchad y tomad nota.

*H*abían pasado varios días con sus noches desde que decidieron que Ontas y los otros se quedaran trabajando en el taller. Era una tarde seca, los cazadores habían regresado y las mujeres estaban pelando las bayas, cuando Ontas y los dos hombres se acercaron donde estaba Croman, que desollaba un lince, y quisieron hablar con él.

Ontas tomó la palabra y le dijo:

—Creo que hemos avanzado en el trabajo. Hemos fabricado cosas que pueden servir para explicar a los jóvenes lo que tienen que hacer en la caza. Mira —y le enseñó a Croman una figura de madera que representaba la forma de un oso.

Croman le pasó el lince al cazador que tenía más cerca, tomó la figura, le dio vueltas entre las manos y luego la pasó al que tenía al lado, que quedó tan maravillado como él. Luego Ontas le mostró la figura de un cazador. Puesta una figura junto a la otra, y con muchas figuras como aquéllas, podrían explicar los movimientos que tendrían que hacer antes de enfrentarse al animal. Lo que hasta ese momento les contaba Croman o cualquiera de los viejos cazadores, ahora lo podrían ver con sus propios ojos con las figuras pequeñas. Los miembros del clan se pasaban los objetos entre ellos, y los pequeños se pusieron a jugar con ellos, haciendo como si fueran un grupo de mayores que salieran de caza.

Ontas tomó de nuevo la palabra y le dijo a Croman, mirando hacia el resto del grupo:

—Yuta ha fabricado algo que puede ser muy útil, y pensamos que vale la pena que veáis para lo que sirve.

Yuta se agachó tranquilo y tomó un pedazo de rama curva que protegía junto a sus pies. Tenía menos de un brazo de largo. Luego se hizo con una lanza delgada y recta, con la punta de piedra fina y afilada. Tomó unas plumas y las ató detrás, con una fibra que las sujetaba a la madera. Quedó convertida en una lanza con plumón detrás. Se levantó con ambas cosas en la mano, caminó por entre los reunidos y salió del círculo de hombres, mujeres y niños. Desde fuera del perímetro que formaban los congregados, miró hacia un tronco grueso apoyado en la pared de roca. Estaba a una distancia tan larga que un hombre no podía alcanzarlo con una lanza. Quedaría mucho trecho por llegar. Yuta miró a Ontas y éste le hizo una señal afirmativa con la cabeza. Entonces el hombre colocó la parte trasera de la lanza en la punta del bastón curvo, justo donde parecía tener un encaje. Se aseguró de que dejaba sueltas las plumas. Todo el mundo estaba en silencio. Si hubiera pasado un mosquito sobre las cabezas de la gente, se hubiera oído el zumbido. Yuta dejó que la lanza se apoyara a lo largo del bastón y sujetó ambas piezas con la misma mano. Miró el tronco, estiró el brazo hacia atrás como si fuera a tirar, de repente corrió unos pasos hacia delante y soltó la lanza con todas sus fuerzas. El clan entero escuchó el silbido, los niños corrieron asustados junto a los mayores, y todos juntos vieron cómo la punta de piedra se clavaba profunda en el tronco de madera.

El asombro llenó los ojos de todos los presentes. No entendían. No podían creer lo que habían visto. Los hombres y mujeres del clan no supieron qué pensar. A pesar de ver la lanza clavada, su mente rechazaba que fuera posible. Nadie podía llegar tan lejos por fuerte que fuera su brazo. Croman miró a Ontas y caminó en silencio hasta el tronco. Mientras lo hacía, el resto mantenía el mismo silencio que cuando las franjas de luz blanca cruzaban la noche y sonaban como si partieran la bóveda del firmamento.

Croman llegó al tronco y observó que la punta de piedra estaba totalmente clavada en la madera. Trató de arrancarla pero no pudo. Se volvió hacia el hombre que había lanzado el arma, y que estaba con los brazos caídos y el bastón en la mano. Fue hacia él, tomó el trozo de rama curvada, comprobó que era madera, lo miró por todos lados tratando de comprender lo que hacía aquello, porque lo que tenía claro era que, sin la rama curva, la lanza era sólo una lanza. Con plumas detrás, pero era diferente a cualquier otra que hubiera visto utilizar, y se clavaba tan profunda y a una distancia tan grande, que le costaba creerlo. Con el bastón curvo en la mano miró a Ontas, que sonreía. Entonces, como si salieran de una ensoñación, el clan entero gritó de júbilo y corrió en busca de Yuta.

Más tarde, con todo el clan escuchando alrededor, Yuta les contó que la idea del artilugio para proyectar la flecha le había venido mientras veía jugar a los niños en el riachuelo. Explicó que se retaban entre ellos para llegar lo más lejos posible tirando las piedras por encima de la superficie del agua, y se había fijado en que el que tenía el brazo más largo era capaz de llegar más lejos, aunque no tuviera tanta musculatura como otros que lo tenían más corto. Se dio cuenta que si hacía un brazo artificial que fuese lanzado por el de verdad, se incrementaba la longitud del brazo. Conforme Yuta les ofrecía las instrucciones de uso de la nueva herramienta, Ontas les mostró una que había ideado ese día. Era una punta, pero en vez de tener forma de rombo, la parte de atrás de la punta tenía un vértice afilado en cada lado. Ontas les explicó que una vez clavada era muy difícil de sacar. De ese modo, cuando la llevara clavada el animal, aunque éste se moviera para quitársela, no podría, y de ese modo seguiría desangrándose hasta morir y la flecha no se perdería entre las matas bajas de la sabana. Sería fácil recuperarla, porque seguiría hincada en el pellejo de la presa.

Esa noche, ya tarde, a Croman le costaba conciliar el sueño. Oía el crepitar de las llamas y olía el humo que llegaba hasta el lugar donde dormían apretujados los unos con los otros. Croman permanecía despierto. Acurrucado contra la espalda de Luyla, le pasaba la mano callosa sobre la piel tensa del vientre abultado y suave, pensando que su hijo seguiría su senda, en aquel mismo lugar...

Dejé de leer. Si hasta ese momento el grupo había estado en silencio, al llegar a ese punto se podía escuchar el timbre de llamadas de la recepción en la otra punta de la empresa. Cuando los miré aún estaban pensando en el relato. Tuve que hacerlos regresar.

—Y colorín colorado, este cuento se ha acabado —concluí.

Volvieron en sí y aproveché la catarsis para incitarlos a participar.

—Y aquí, ¿qué ha sucedido?

Elia respondió sin pensarlo dos veces:

—Aquí ha sucedido algo maravilloso —dijo, con un nudo en la garganta.

—Croman ha encontrado el camino —dijo Mateo.

—El clan ha encontrado el camino con Croman —respondió Doris.

—¡Puaf! ¡Qué momento! —exclamó Marc.

—Esa nueva arma que han creado se llama «azagaya». Y es algo que está entre una lanza y una flecha, pero el descubrimiento de esta última vendría después. La ventaja que tiene es que se dirige al blanco como lo hará luego una flecha, y es tan larga y potente como una lanza proyectada por el brazo de un gigante. Pero no conviene que yo intervenga. En este momento sobran las preguntas. Más bien me gustaría conocer vuestras impresiones —les comuniqué.

—La idea de dedicarse a pensar cómo mejorar las herramientas ha funcionado —dijo Elia—. Con esas nuevas armas tienen más posibilidades de cazar animales que se hallen lejos o que tengan el cuero más duro.

—Y la punta de vértices afilados les dará la posibilidad de recuperar las armas y, al mismo tiempo, el animal no las podrá sacar de su piel. Si trata de hacerlo, la herida será mayor. Han inventado los arpones.

—No cabe duda que, comparado con lo anterior, acaban de progresar mucho en poco tiempo. Con esas armas no tendrán rival, suponiendo que no haya nadie más que haya llegado a la misma idea. Ya no es una cuestión de supervivencia, la cuestión es que tienen el poder en sus manos para que los demás no sobrevivan —expuso Mateo.

Parecían entusiasmados con esta última parte. Querían hablar todos a la vez, e incluso Andrés participaba dando su opinión sobre la mejora que suponía la herramienta.

Me disgustaba cortar sus explicaciones, pero tenía que aclararles de qué habíamos estado hablando todo el tiempo.

—Me alegro que hayáis llegado a esas conclusiones. Es muy importante. De hecho, tengo que contaros qué ocurrió con unos y con otros. Aunque no forma parte del relato, debéis conocer esta parte para comprender lo que he querido explicaros. Si queréis, hacemos una pequeña pausa como la de antes, y al regreso os cuento.

Aceptaron sin problemas y salimos de la sala con una charla animada de camino hacia la cafetera que había en la zona de comedor.

Estuvimos un buen rato alrededor de la máquina de café. Finalmente, la máquina me tentó como si fuera una de las sirenas, sólo que yo no tenía la cera en los oídos. El olor del grano recién molido llenó mi nariz y no tuve más remedio que tomarme uno corto. Disfruté el aroma intenso durante unos minutos.

Después de pasar por el lavabo, regresamos de nuevo a la sala de reuniones. Todos ellos estaban a la expectativa de lo que les iba a contar.

—Bien, como habéis podido sospechar, el relato está basado en un hecho real. Es cierto que no hablaban de ese modo en aquella época y hay algunos tics aquí que no se corresponden con lo que hubiera hecho un hombre de alguno de aquellos clanes, pero me permitiréis algunas licencias de autor para poder explicar lo que me conviene. Los clanes que hemos estado siguiendo son dos: uno de ellos, el de Nean, pertenece a la cultura de los *Neanderthalensis*, y el otro, el de Croman, a la de los hombres del *Cro-Magnon*, o Cromañón, para entendernos. Perdonad el juego de los nombres de los protagonistas, pero me vino bien bautizarlos así para seguir mejor a cada uno de los clanes. ¿Quiénes fueron unos y otros? Primero os diré que al parecer ambos partían de un ancestro común: el *Homo heidelbergensis*, del que se han hallado restos en

Atapuerca, por ejemplo. Es por lo tanto el antepasado de ambas especies. ¿Queréis ver la pinta que tenía?

Todos dijeron que sí, y se pegaron más a la pantalla para no perderse el detalle.

Avancé una página para mostrarlo:

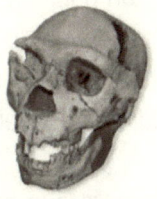

Homo heidelbergensis,
encontrado en Atapuerca

—¿Qué os parece? Pues de él evolucionaron neandertales y cromañones. Os enseño primero la pinta que tenía el neandertal. Miradlo.

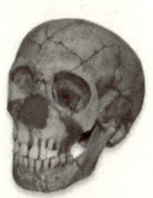

Homo neanderthalensis

—Os cuento algo sobre los neandertales: si consultáis las enciclopedias os dirán que pertenecían al género *Homo* y que vivían en Europa desde el 230.000 más o menos, es decir, durante el Pleistoceno Medio y Superior. Aunque pertenecían a la cultura del Paleolítico Medio. Eran *homos* robustos y muy bien adaptados al frío extremo. Tenían costumbres de canibalismo —al decir esto último, Doris arrugó la nariz— y un culto al oso de las cavernas. Quizás hayáis leído el libro de Jean M. Auel *El clan del oso cavernario*. Allí explica mucho de este tema. Yo no voy a daros aquí una lección sobre el apasionante mundo del Paleolítico. Ya hay libros maravillosos que hablan sobre ese período. Cualquiera de los libros de Juan Luis Arsuaga, de Eudald Carbonell o de Bermúdez de Castro son muy interesantes, os quitarán el sueño y os llevarán de visita a los lugares donde vivieron nuestros antepasados. Sólo daré unas pinceladas para que comprendáis lo que sucedió con ambos clanes. Mirad, si queréis os enseño algo, lo tengo aquí en el portátil: una pequeña muestra de materiales de esa cultura.

Y di la vuelta a la pantalla para que pudieran ver lo que les decía.

Una serie de dibujos y fotografías de herramientas del Paleolítico.

—Como podéis apreciar, éstas de aquí son herramientas muy rudimentarias, poco trabajadas. Piedras muy toscas, con algún trabajo sobre los bordes. Pero se nota un cambio que dará lugar a las más sofisticadas herramientas de sílex y basalto. —El grupo se arremolinó para ver a lo que me refería—. Esta primera es una de las antiguas. Era una simple piedra que se afianzaba en la mano para golpear. Rústica, pero efectiva. ¿Veis?

Hendedor para golpear,
hallado en Torralba (Soria)

Dejé que la observaran durante unos segundos y luego pasé a la siguiente.

—En cambio, esta otra parece algo más trabajada. Es con la que Nean le atiza el golpetazo al uro. Puede ser la misma con la que le parte la cabeza a Antas. Manejada por un brazo tan robusto como el de un neandertal podía causar mucho daño. Mejor no probarlo.

Útil de sílex procedente del nivel TD-11 del yacimiento de «Gran Dolina» en Atapuerca

—Pero os he dicho que os explicaría unas pinceladas sobre ambos clanes. Así que ahora os hablaré algo del clan de Croman. Supongo que querréis ver cómo podía ser Croman físicamente. Mirad la parte superior de su cráneo.

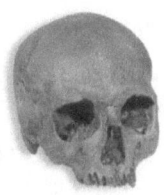

Homo cro-magnon

—Éste era. Lo conocemos también como *Homo sapiens*. Ya os he dicho que son hombres del *Cro-Magnon*. El nombre significa «Piedra Grande», y viene a raíz de que el primero fue hallado en una cueva francesa de ese nombre. Nosotros los llamamos cromañones. El cráneo no tiene la frente tan hundida y posee mentón. Al parecer, eran menos robustos y más altos que los neandertales. Asociados a ellos han aparecido en algunos yacimientos objetos que podrían ser adornos corporales. Nosotros en el relato los pillamos justo en el cambio hacia todas esas nuevas herramientas. ¿Queréis ver una serie de herramientas que nos llevan a través del cromañón, hacia el *Homo sapiens-sapiens*? Ahí las tenéis:

Puntas de flecha

Perforador

Hoja de sílex paleolítica

—Y por último, el gran invento: el propulsor que permite lanzar la azagaya a mayor distancia por la simple fuerza del brazo. La caza estuvo en ese momento a merced del hombre del Paleolítico. Luego, más adelante, daría con una mucho más mortífera y el paso de la evolución volvería a ser de gigantes. Me refiero al arco y las flechas. Mirad, aquí tenéis algunas imágenes de lo que era el propulsor y el modo de lanzarlo.

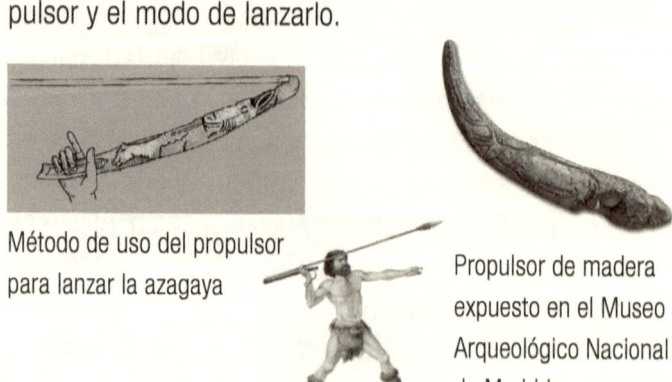

Método de uso del propulsor para lanzar la azagaya

Propulsor de madera expuesto en el Museo Arqueológico Nacional de Madrid

—Bien —dije—, ya tenéis una idea de las diferencias entre las herramientas que utilizaba uno y otro clan. Ahora, lo que habéis imaginado durante el relato toma forma real en vuestro conocimiento. Creo que ya podemos hablar sobre lo que nos ocupa: qué es lo que hace que una organización tenga posibilidades de superar las crisis, mientras que otras sucumben con facilidad al primer envite del mercado. Me gustaría escucharos.

Era evidente que Elia estaba deseando intervenir. Enseguida tomó la palabra.

—Por lo que hemos ido viendo, el clan de Nean es un grupo fuerte. Son robustos y están aclimatados al frío. Es fácil suponer que en los enfrentamientos contra otros *homos* saldrían casi siempre vencedores. Desde el punto de vista de fortaleza física, estaban preparados para luchar y sobrevivir en el entorno que conocían. Pero tuvieron un gran problema: todo aquello cambió, las presas dejaron de ser las mismas y el hábitat estaba modificándose lentamente. Había que innovar en los métodos de caza y ya no les era tan útil la fortaleza, sino la capacidad que tuvieran de adaptación al cambio que pedía el entorno. Esto me lleva a pensar que en un ambiente que está en constante movimiento tienen muchas más posibilidades de supervivencia los que sean más aptos para modificar su manera de ver las cosas.

—Nean y sus neandertales son fuertes, pero Croman y sus cromañones son los que han sabido adaptarse mejor a las variaciones de su ambiente —recordó Andrés—. Es como en las empresas. Ahora lo veo… Recuerdo muy bien esa parte del máster que hice. Nos mostraron tipos de empresas, modelos diferentes de negocios. Hay empresas fuertes, pesadas, que a pesar de que el mercado pide cambios en la organización, no son capaces de ver el camino de esos cambios y quedan anquilosadas. La propia estructura les impide hacer giros rápidos cuando lo demanda el mercado. De hecho, ahora que hemos visto lo que sucedía con los clanes, veo más claro lo que querían decir.

Aproveché la reflexión de Andrés para hacerle una pregunta:

—¿Y por qué crees que los neandertales no encuentran el camino adecuado para realizar los cambios que necesitan, Andrés?

—Porque quizás el que está al frente del negocio no se percata de las variaciones que está sufriendo su alrededor. Supongo que las cosas son tan rápidas que es difícil detectar que algo cambia.

—Pero ¿tiene que ser el jefe, el director de la empresa, el líder, la única persona de la organización que detecte estas transformaciones? —pregunté para provocar alguna otra intervención.

Pero fue Andrés quien recogió el testigo, de nuevo.

—El director tiene que conocer lo que se necesita. Para eso le pagan. Forma parte de su responsabilidad.

Vi la oportunidad de asentar un concepto más, y respondí:

—¡Cuidado con eso, Andrés! ¿De verdad crees que por ser el director eres el más inteligente de la organización? Ya sabes que en muchas ocasiones el llegar a ser director o jefe se debe más a aspectos circunstanciales que a otra cosa —y se quedó sin saber qué decir. Yo continué—: Quizá tengas otras habilidades, no sé, organizar, planificar, aglutinar, visión global, dominar aspectos económicos, o cosas así; pero a lo mejor hay alguien en tu equipo que, desde el punto de vista de inteligencia, tiene mucha más. Como puede haber alguien que sea mucho más creativo que tú. De hecho, si en verdad tienes algo de inteligencia, la mostrarás permitiendo que aflore la de los componentes del equipo. Por eso querrás que se aporten los diferentes puntos de vista. No te interesa un equipo adulador o pelota, lo que deberías de buscar es la crítica. Es preferible el pensamiento crítico al pensamiento único. No te conviene que te digan lo magnífico que eres. Conviene que alguien que forma parte de tu equipo pueda decirte que opina de un modo diferente al tuyo, si llega el caso. Eso es lo que tienes que buscar. Por ahí tendrás más oportunidades de acertar y, no lo olvides, los aciertos serán entonces del equipo. Por eso te conviene dar conocimiento al máximo. Para que, teniendo la mejor información posible, estén atentos a los cambios.

Doris recogió la idea.

—Si tiene un equipo de trabajo que esté bien informado de todo, cualquiera de ellos tendrá la posibilidad de darse cuenta. Entonces sólo es cuestión de poner las ideas sobre la mesa. Si la persona se siente libre de expresarse, lo hará cada vez que crea que conviene que los demás la escuchen. Sobre todo el responsable.

—A eso iba —dije—. No necesariamente debe ser el propio líder el que perciba la necesidad de cambio. Si tiene personas preparadas a su alrededor, es posible que lo vean ellos. Y no me malinterpretéis: cuando digo «preparada» quiero decir que se le haya dado el conocimiento global de lo que se pretende en la organización. Las metas más altas, los objetivos. Con ese dato se puede tratar de encontrar un camino que lleve a cumplir las metas. La base de la competitividad está en que el camino que escojamos sea diferente al que transitan otras organizaciones. Es lo que algunos llaman la diferencia entre entrar en un océano azul y uno rojo. El azul es lo que lleva al negocio nuevo; el rojo, al existente. A la hora de repartir los beneficios, hay una gran diferencia entre uno y otro.

—Tal y como lo veo, entendería que desde la revolución industrial venimos de organizaciones donde alguien como Nean sería un gran líder. Pero de un tiempo a esta parte se necesitan líderes como Croman. Se requiere de gente capaz de cambiar teniendo en cuenta la participación de los empleados en la toma de decisiones —dijo Mateo, mirando de soslayo a Andrés.

Vi la oportunidad de asentar la tesis del estilo de liderazgo en el que creo. Así que intervine para explicar:

—Cuando un emprendedor tiene la idea de un negocio, a partir de que la tiene, todo lo que hace es muy individualista. Le dedica mucho tiempo y no hay nadie mejor que él para saber lo que hay que hacer. Así que lo hace. Pero cuando esa empresa crece y otros forman parte de la organización, se necesita pasar a la siguiente fase. Hay que organizar, definir tareas, repartir responsabilidades, y se requieren más habilidades de comunicación. Así que la empresa se profesionaliza y deja de ser menos importante la atención del que la ha creado que la sintonía de los demás con la organización y sus objetivos. Es como el asunto de la empresa familiar que llega a la etapa en la que ya no importa tanto el esfuerzo del dueño como que los que trabajen con él sean profesionales.

»Cuando eso no sucede, y el dueño cree que por ser dueño ya está preparado para llevar por buen camino la empresa, en realidad fracasa. La no profesionalización de las empresas familiares es el mayor lastre que existe en este país. Ya no os cuento lo que sucede cuando es el hijo o hija del dueño quien toma la batuta de la compañía creyendo que por tener parte de los mismos genes la cosa va a funcionar igual o mejor que cuando el padre manejaba el negocio. Por desgracia no es así de simple. Tiene que profesionalizar la empresa y el primer paso es formarse adecuadamente. Es importante que adquiera la visión global de la compañía, que conozca los cambios estratégicos y entienda las claves del liderazgo. Una parte muy importante tiene que ver con la visión del líder y su modo de proceder.

»Lamentablemente, parece que en los ambientes competitivos de una compañía multinacional esto es mucho más evidente. Puede que las personas que ocupan la línea de mando estén mucho más interesadas en mantener sus sillones que en el éxito de la propia empresa. Además, parece que la lejanía deshumaniza aún más la relación entre los componentes de un equipo.

»Conozco el caso de alguien que se enteró de que había sido despedido a través de la llamada de teléfono del que era su jefe inmediato. Y lo grave es que ese jefe conocía que él mismo sería despachado en los días siguientes. Nadie le había pedido la cabeza de su subordinado, pero quiso hacerle un poco más de daño. Como podéis sospechar, era del estilo de los que buscan su posición a costa de cualquier cosa. ¿Quién no conoce el caso de alguien que pensaba que sería promocionado en su puesto y un día lo llaman por teléfono para decirle que acaban de contratar a otra persona que ocupará ese puesto con el que soñaba? Y es lícito que se piense en otro perfil, si así lo cree el responsable, pero... ¿por teléfono? En fin, son clásicos de una multinacional, pero no creáis que este tipo de cosas sólo suceden en ese entorno.

Observé a Andrés. Parecía muy interesado en lo que les estaba diciendo. Marc, Doris, Elia, Jesús y Mateo mantenían la vista fija en mí, así que decidí llamar su atención.

—Mirad, todo este tiempo hemos venido revisando los diferentes modelos de comportamiento que podemos mantener al frente de una organización o de un grupo de colaboradores. Os he mostrado el triángulo con los vértices de conocimiento, habilidades y motivación. Hemos revisado los ingredientes de los que está hecho un líder que quiere ejercer como tal. El viaje por el Paleolítico nos ha servido para contrastar las diferencias y señalar los aspectos deseables. Incluso hemos comprobado que los cazadores del clan de Croman fueron capaces de perpetuarse en la nueva especie: los *sapiens*. Entonces, ¿por qué no asumir el papel que nos toca? Llegamos al *sapiens* a lo largo de un proceso largo y difícil de adaptación al medio por parte de grupos de homínidos. No de cazadores solitarios, sino de pequeñas comunidades dispuestas a colaborar entre sí. Lo que significa que si desde lo biológico logramos alcanzar metas en la evolución, hoy en día, en las organizaciones, desde la perspectiva sociológica, deberíamos hacer lo mismo. La fuerza del grupo debe radicar en alguien que muestra las habilidades de un liderazgo eficaz. Un líder que procura que las relaciones entre los miembros del equipo sean excelentes y de gran profundidad. Que los forma para que trabajen con igual facilidad tanto de manera individual como en grupos. Que los incita a variar sus roles en función de la necesidad de cada momento. Ese líder que los estimula para que se orienten tanto hacia el trabajo como hacia las personas y que los induce a sentirse responsables, solidarios sobre los resultados y sobre el desarrollo del equipo. En resumen, un buen líder —concluí.

No quería terminar ahí ni tampoco dejarlos sin conocer algo más de nuestros antepasados. Lo tenía preparado para poder acercarme a la parte que quería reforzar. De modo que les ofrecí echarle una ojeada al aspecto de los tres cráneos.

—Me gustaría que vierais esto —dije.

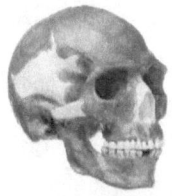

Homo sapiens

—Éste es un modelo de cráneo de *sapiens*. Os lo enseño para que veáis la diferencia entre unos y otros. Os muestro los tres juntos para que apreciéis los cambios entre ellos —y pasé la página para que vieran lo siguiente:

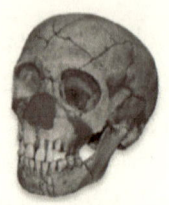
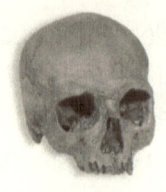
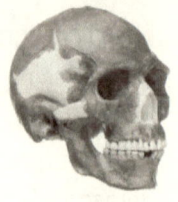

Neanderthalensis   Cro-Magnon   Sapiens

—¿Veis cómo ha ido evolucionando su cráneo? No sólo cambian sus medidas antropomórficas, ni la cantidad de masa cerebral que les crece, sino que lo hace en lo que aquí no se aprecia. Lo hace intelectualmente, de modo que puede expresar símbolos, lenguaje y emociones.

—Ahora entiendo la diferencia de expresión entre los componentes del clan de Nean, que se entienden más por gestos y gruñidos que por otra cosa, y los del clan de Croman, que parece que tienen un lenguaje expresado en palabras —dijo Mateo.

—Magnífica observación, Mateo. Ése es el valor simbólico que les ayuda. La posibilidad de un lenguaje articulado que pueda pasar de unos a otros —contesté—. Pero dejadme que os explique más sobre ese asunto. El cromañón posee vínculos en su red neuronal que le permiten integrar todas las habilidades que ha ido adquiriendo por evolución y por el aprendizaje propio. De ese modo llegamos al *sapiens-sapiens*, que es el que debería tener la mayor capacidad para utilizar sus vínculos en beneficio de la organización.

»No estoy aquí para ofreceros una charla sobre la evolución del género humano. Ni siquiera tengo suficientes conocimientos para ello. Para eso hay magníficos especialistas, como los que excavan en Atapuerca. Lo que quiero deciros es que si hemos evolucionado como especie humana, en las organizaciones también debería de notarse esa evolución, de modo que no tengamos neandertales o incluso cromañones en las empresas. Debemos tener... —fui hacia la pizarra y escribí en ella al tiempo que lo decía en voz alta y con énfasis en la última palabra—:

SAPIENS

»Pero, ojo, *sapiens*, con todo lo que esto implica. Un ser humano capaz de manejar la simbología, el lenguaje y las emociones para que en la búsqueda de vínculos y patrones en su cabeza sea capaz de hallar lo que le conviene a la organización. Y, sobre todo, para que su condición de *sapiens* le pida colaborar con el resto de los empleados de la empresa, y que éstos deseen hacerlo porque él demuestra tener los ingredientes que hacen que se comporte de ese modo que el ser humano aprecia. —Volví la mirada hacia Andrés y su equipo. La mantuve un instante en los ojos de Doris y luego la fijé en Jesús. Entonces pregunté—: ¿De quién hablamos? —y como no aguardé a recibir la respuesta, volví a la pizarra y escribí:

LÍDER SAPIENS

Luego leí en voz alta lo que había escrito y, sin girarme, escribí al lado lo siguiente para aclarar el concepto:

LÍDER SAPIENS = LIDERAZGO SABIO

Ahora sí, y desarrollé la idea:

—El **líder** *sapiens* ejerce el **liderazgo sabio**. Es la persona que tiene en cuenta todo lo que hemos dicho, y cuyas cualidades forman parte de su manera de ser y de hacer. Con esto quiero decir que aunque los cromañones dieron paso más adelante a los *sapiens* y éstos a su vez a los *sapiens-sapiens*, no parece que haya calado el significado de la palabra en algunos de los que dirigen.

»Hay distintos tipos de liderazgo por los que todos, alguna vez en nuestra vida, nos hemos cruzado:

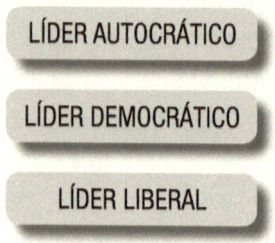

LÍDER AUTOCRÁTICO

LÍDER DEMOCRÁTICO

LÍDER LIBERAL

»Al parecer, y según los grandes especialistas en los estilos de liderar, estos tres definen la tipología del comportamiento humano en sus relaciones con los equipos de personas que colaboran en las organizaciones.

»En mi opinión, creo que los tres han quedado sobrepasados por la evolución social y la de las organizaciones. Creo que ninguno de los tres soluciona de modo completo las necesidades actuales. Incluso el democrático muestra carencias a la hora de explicar cómo responder con conceptos que van más allá del sentido de la democracia. Para comenzar, deberíamos preguntarnos: ¿de qué tipo de democracia estamos hablando?, ¿cuál es la estructura de su representatividad?, ¿es asamblearia?, ¿la asamblea ha elegido al jefe? Como en la mayoría de casos no es así, ya vemos que entonces el sentido de *líder democrático* toma otros tintes. Más bien se refiere a que el líder *consulta y deja que participen* los miembros de su organización. Explica de él hacia fuera. Hacia los demás. Pero no dice gran cosa al respecto de sus valores, de cuáles son los ingredientes de los que está hecho, de cómo usa los vínculos entre conceptos para decidir lo que cree que es mejor. Habla más de cómo permite que los demás colaboren que de su relación con ellos y de cómo se dedica a hacer crecer a los que están alrededor, al mismo tiempo que él crece como persona.

»Por otro lado, yo creo que el concepto de **líder sabio** es la persona que busca la sabiduría y la aplica en el día a día no sólo en su ámbito familiar sino cuando ejerce su responsabilidad dentro de las organizaciones. Alguien que incorpora la sociabilización en la empresa para lograr el cambio. Que funda el conocimiento técnico con el humano para que las persones aporten lo mejor de sí mismas. Ésa es la razón de que proponga la figura del líder *sapiens* como el modelo más adecuado para el liderazgo.

»Este tipo de liderazgo aglutina todo aquello que queremos expresar en la composición de la persona que actúa como tal. Algunos proponen otros términos, pero creo que el nombre de **líder *sapiens*** hace honor a lo que representa el cambio sustancial para que una especie cromañón diera paso a la *sapiens* y nos colocara en el camino de la evolución.

—Tiene sentido —dijo Mateo—. Has dicho que el concepto está más cerca de hacerse con los ingredientes de la sabiduría y que la sabiduría también es la capacidad de ejercer el sentido común. Lo que significa que cada vez que somos capaces de ejercer el sentido común, estamos aplicando sabiduría. Visto así, creo que no hay que verla como algo que sólo algunos ancianos y ancianas poseen. Más bien es algo que podemos adquirir, si queremos ejercer nuestra condición de *sapiens*, y luego devolverla a los demás en forma de sentido común.

—Incluido en las empresas, cuando buscamos mejorar algo —apostilló Mateo.

Andrés carraspeó, lo que indicó a los demás que quería decir algo. Lo miré para darle la palabra y los demás volvieron sus miradas, pendientes de lo que iba a decir.

—A estas alturas tengo claro que es necesario que en la empresa se aporten ideas. También tengo claro que cuantas más, mejor. Lo que quiere decir que buscaré las vuestras de aquí en adelante. —Hizo una pausa como si buscara las palabras siguientes. Miró a Doris y luego paseó la vista por los demás y dijo—: Tenemos un problema que nos afecta a todos y espero que entre todos demos con soluciones que nos ayuden. No es que antes creyera que vuestra colaboración no era importante. No es eso. Pero lo que sí es verdad es que buscaba sobre todo vuestro conocimiento explícito. Vuestro conocimiento técnico. Y es cierto que sirve de poco si no se tiene claro lo que hay que hacer en la empresa desde un punto de vista más global.

—Permíteme poner un ejemplo de eso que dices, Andrés —lo interrumpí—. Es importante reforzar la idea. Imaginad una empresa industrial que fabrica componentes. Al jefe de producción le pedimos que busque la mayor productividad, y el hombre, que quiere seguir fielmente la directriz, pone todo su empeño y se centra en lograr que las máquinas tengan la mayor utilización posible y los empleados el mayor rendimiento. Para eso, combina órdenes de fabricación, agrupa, mejora aspectos técnicos y métodos, de modo que se incrementa la producción y los empleados y las máquinas trabajan más tiempo que antes. Eso significa que los costes unitarios se reducen. Parece un éxito, pero ¿qué puede suceder? Pues que estén fabricando con base en previsiones y que éstas no sean correctas, por lo que lo fabricado irá a parar al almacén. Eso sí, en el sistema de costes aparecerá que los costes son menores que los de antes. Como si comprar la materia prima, pagar salarios, amortizaciones, energía, etcétera, para ponerlo todo en el almacén, no tuviese un coste mucho mayor. Pero ésta es sólo una de las variables que pueden suceder. Podríamos hablar del inventario en curso, del plazo total de fabricación, excesivamente largo, de mermas, en fin... Una buena cantidad de aspectos que pueden arruinar el trabajo de una buena utilización de las máquinas y las personas. ¿Comprendéis lo que quiero decir? —pregunté—. Necesitarán que alguien se enfoque sobre el concepto de costes totales y el de productividad global. Entonces haremos cosas diferentes. Incluso es muy posible que olvidemos la búsqueda de la utilización máxima de las máquinas y el máximo rendimiento de las personas. —Hice una pausa. Miré a Andrés y le pregunté—: ¿Estás de acuerdo con esto, Andrés?

Asintió y lo dejó claro:

—Totalmente.

—Pues sucede lo mismo en cualquier empresa de servicios —dije—. Si analizamos globalmente las operaciones, veremos que hay algunas que aportan valor añadido y el resto lo único que nos da es trabajo. Nada de valor.

»Imaginad que somos una empresa que compra y vende un producto. Quizá lo único que hacemos de manipulación es el reenvasado. Por lo tanto, es muy común que nos fijemos en el precio de compra de material para ver si podemos negociar rebajas o descuentos, y en cambio dejemos de lado otros aspectos operacionales. Por ejemplo: negociar con el proveedor el *stock* consignado en su casa o la nuestra, pagar el producto cuando salga de nuestro almacén para venderse, pactar con el proveedor el envío del material con envasado y etiqueta para nuestro cliente final, pactar con el proveedor un lote que nos facilite la manipulación, acomodar el producto en lotes que reduzcan el coste de distribución, analizar las operaciones internas para ver dónde tenemos los mayores costes. De modo que es posible que incluso podamos pagar algo más al proveedor en función de que otros tramos de costes, del coste total, se reduzcan o nos aporten ventajas competitivas que mejoren nuestra posición en el mercado y, por lo tanto, nuestra cifra de ingresos. Una ventaja podría ser la de mejorar la velocidad del proceso de atención al cliente. Una de las capacidades más valoradas hoy en día. En cambio, es posible que nos limitemos a negociar precios con proveedores de materiales o de servicios logísticos. —Me detuve en este punto y quise saber si estaban de acuerdo con lo dicho. Así que les pregunté—: ¿Vemos esto?

Doris saltó enseguida, como si no le hubiera hecho mucha falta madurar lo que les había explicado.

—Perfectamente. Siempre he pensado que se derrocha en muchos gastos de la empresa —dijo, y luego miró de soslayo a Andrés, como si no estuviera segura de si hacía bien mostrando su idea.

Mateo estuvo de acuerdo con Doris, porque incidió en lo mismo.

—Creo que hay muchos aspectos en los que podemos mejorar.

Aproveché para darles un elemento de reflexión.

—Ahí podemos mostrar la condición de líder *sapiens*, ejercer el liderazgo sabio. Lo haremos cuando logremos fijarnos en lo que es realmente importante y señalarlo a los demás. Ése es un buen camino. Se ha pasado a trabajar por proyectos. ¿No es un proyecto, para el responsable de compras, el objetivo de reducir el gasto en la compra de materiales? ¿O la meta, para alguien de operaciones, reducir el coste de transformación? Pero ¿pueden hacerlo ellos solos? Ninguno de los dos lo logrará si ambos no lo convierten en un proyecto de equipo y lo gestionan como tal.

»Si se involucra al equipo en la toma de decisiones, ese equipo querrá involucrarse. El responsable abrirá las puertas para que participen. No podemos olvidar que son ellos los que tienen que detectar dónde no aportamos valor y sugerir el recorte o la eliminación o el cambio en los procesos. Es ahí donde entra el perfil del líder que hemos fijado como apropiado.

—El **líder** *sapiens* —anotó Jesús.

—Este líder podrá fijarse en todo aquello que de verdad aporte valor añadido a la organización. Mostrará a los de su equipo cuál es el criterio escogido, para que puedan centrarse en lo que importa para la economía de la empresa. Para que se centren en los cambios que amplíen el margen, ya sea porque reducen el coste o porque eliminan todos los aspectos que suponen gastos innecesarios. Creo que todos los ejemplos que ha ido exponiendo Víctor son muy gráficos y, como él dice, deben servirnos para reflexionar —dijo Andrés.

El equipo percibió la importancia de las palabras de su jefe. Se movieron en las sillas como si estuvieran incómodos, pero en realidad se sintieron aliviados por sus palabras. Creo que en ese instante tuvieron conciencia verdadera de lo que yo mismo había pretendido con aquella reunión.

—Es muy alentador lo que dices, Andrés. Y estoy convencido que los demás lo entienden así. De todos modos, no hemos terminado. Creo que sería conveniente acabar resumiendo lo que creemos que es necesario para tener la oportunidad de luchar y adaptarnos a las situaciones de cambio. Si al inicio de este encuentro buscamos axiomas para definir el modelo de liderazgo, terminaremos haciendo lo mismo para competir en el mercado con más garantías. Haremos unas reglas que sirvan para enfrentarnos al exterior. Creo que será muy importante que lo veamos desde lo global a lo particular, ¿os parece?

Todos estuvieron de acuerdo. Jesús arrancó con la primera cuestión:

—Desde un punto de vista global, creo que lo primero

que tenemos que ver es hacia dónde queremos ir. Las metas, que decíamos antes. Pero a lo que me refiero aquí no es tanto a que tengamos claras las metas como a que tengamos la herramienta para poder definirlas. Es decir, planificar hacia dónde queremos ir.

—No entiendo muy bien a lo que te refieres, Jesús —dijo Elia—. Que es necesario tener metas ya lo hemos dicho antes.

—No, no me refiero a eso. Quiero decir que el mercado está en un territorio muy extenso, el mundo, y que si lo que queremos, como meta, es ganar dinero, y las empresas es lo que quieren, no os quepa la menor duda al respecto, podemos ganarlo de muchas maneras diferentes. Quizá podamos reorientar el negocio siempre que sepamos adelantarnos a los acontecimientos. Eso es lo que llamo planificar. Mirar hacia delante con muchos ojos. No uno solo. La suma del punto de vista de cada uno de los componentes del equipo abarcará más soluciones. Y el **liderazgo sabio** tiene que servirnos para que nos sea más fácil hacerlo juntos. Hay que buscar el beneficio del conjunto de la organización.

Intervine para decir:

—Creo que ahora tenemos todos más claro lo que dices. Y me parece que estamos de acuerdo contigo, ¿no es así, Andrés?

—Absolutamente —confirmó éste, plenamente satisfecho.

—Entonces vamos a marcar reglas como si fuéramos el propio **líder** *sapiens*. —Me levanté de mi asiento y fui de nuevo a la pizarra. Tomé el rotulador y escribí:

—¿Estáis de acuerdo? —pregunté.

Estaban de acuerdo.

—¿Qué más?

—Visto lo sucedido con Nean y Croman, me gustaría ver cómo relacionamos la creación de escenarios futuros, con el liderazgo adecuado —propuso Andrés.

—Si el líder aprovecha la fuerza de las ideas de sus equipos de trabajo, surgirán algunas que sean interesantes para trazar el camino a seguir. La estrategia —respondió Marc.

—La base de la estrategia son las ideas. Con ellas podemos encarar el futuro y tendremos oportunidad de alcanzar el éxito. Sin las ideas no hay éxito —dijo Jesús.

—Estoy de acuerdo. Veamos cómo llamaremos a eso —respondí, y me volví para escribir en la pizarra:

Regla número dos
LAS IDEAS SON EL SÍLEX
CON EL QUE SE TALLA EL ÉXITO

—Me gusta. El trabajo de equipo abona el campo de las ideas. Vamos a seguir.

—De algún modo tendríamos que aprender de los cromañones. Así como Nean se niega a escuchar, Croman está dispuesto a arriesgar con lo nuevo. Uno espera que las cosas se solucionen solas, el otro busca el cambio. Es proactivo —dijo Mateo.

—No es cuestión de que te venga la suerte. Hay que trabajar para cambiar las cosas y hallar el camino adecuado. Que la suerte nos encuentre trabajando, como dice alguien sobre ese tema —insistió Doris.

—El que quiere depender de la suerte tiene la posibilidad de que no le llegue nunca. Creo que hay que estar atentos a los cambios, por si es necesario modificar los objetivos y, si es así, escoger una nueva estrategia —aportó Elia.

—Escribo —dije, encarando la pizarra.

> Regla número tres
> DEPENDER DE LA SUERTE ES DEJAR QUE EL AZAR
> LIDERE TU FUTURO

»Lo que significa que tras la idea debería llegar necesariamente el tiempo de la implementación. No podemos quedarnos a la espera de que las cosas sucedan por sí solas. Hay que arremangarse y aplicar lo que se ha decidido. Bien, siguiente. Creo que estamos encarando esta recta final muy bien.

Andrés quiso participar en este punto.

—Bien, creo que ahora toca hablar de cambio. Me refiero a organización bien engrasada para poder mejorar de continuo. Necesidad de ver lo que te pide el mercado. El asunto de la velocidad o el maratón. La estructura que organicemos hoy no tiene por qué ser la del futuro.

Cuanta más capacidad de cambio, mejor preparados para responder. La empresa que es flexible, es fuerte.

—Vale, ya veo por dónde vas. Vamos a ver qué os parece esta regla.

Anoté:

> **Regla número cuatro**
> **LA FLEXIBILIDAD ES LA VIRTUD DE LOS FUERTES**

—Eso quería decir —dijo Andrés—. Porque a lo mejor lo que hacemos hoy, y cómo lo hacemos, no será lo que necesitemos pasado mañana. Entiendo que venimos de la primera regla que tenía que ver con equipo, hemos pasado por la segunda que nos habla de las ideas que nacen de ahí, por la tercera que pide aplicar, y ésta incide en comprobar lo que se ha implementado y cambiar si es necesario. Parece que unas emanan de las otras.

—Bien visto, Andrés. Creo que es lo que he querido plasmar en estas reglas. Vamos hacia la siguiente. ¿Quién se anima?

—No sé, no sé cómo expresarlo, pero si la organización pregunta a las personas por soluciones, es muy probable que buena parte de ellas sean erróneas. Creo que debería de haber una regla que lo tenga en cuenta —dijo Doris.

—Siguiendo con la secuencia, diría que la flexibilidad ante la necesidad de los cambios se convierte en una escuela en la que se aprende de los errores —dijo Jesús.

—Se puede ver el error como una oportunidad de mejora. Error de hoy, éxito de mañana —sentenció Elia.

—Bien. Vayamos por ella.

Anoté en la pizarra:

Regla número cinco
LOS ERRORES SON MANANTIAL DE OPORTUNIDADES

—El error como fuente de oportunidades. ¡Me gusta! —exclamó Elia—. Querría añadir otra regla que en cierto modo está relacionada con ésta. Lo mismo que viene sucediendo desde la primera. Es sobre lo que significa explorar territorios nuevos. Cada vez que tropezamos con una dificultad, es una traba, un inconveniente, pero podemos crecer para superarla. Nuevos obstáculos a vencer, mayor crecimiento porque nos incita a la superación. Y si logramos superarlos, mejora la organización. No sé si me explico.

—Te explicas muy bien. Creo que quieres decir esto:

Regla número seis
LOS OBSTÁCULOS SON PELDAÑOS QUE NOS VUELVEN GIGANTES

»Fijaos, seguimos con la cascada de relaciones: equipo, ideas, implementación, comprobación y flexibilidad, error y cambio, aprendizaje y obstáculos que se convierten en retos personales. —Anoté todo para que no perdieran la relación que veníamos hallando.

—Pues yo añadiré una regla que parte de los beneficios de aplicar ésta. Ante el obstáculo hay que pensar cómo salvarlo. Eso me lleva a la necesidad de pensar en nuevas herramientas —propuso Doris—. A mejores herramientas, más posibilidades de vencer los obstáculos. No podemos conformarnos con lo que hay. El mundo de las empresas está lleno de ejemplos de innovación en las ideas. En ocasiones sirven para ganar competitividad, y otras veces son las soluciones a problemas que frenan el desarrollo. Pero siempre provocan el avance hacia la mejora. Hay organizaciones que han pasado a ser punteras cuando han sido capaces de aplicar en su sector las herramientas que habitualmente eran de otros. Nadie hasta ese momento había pensado que era factible usarlas en un entorno diferente. Además, pienso que donde no existen las herramientas que podrían ser de ayuda, hay que crearlas. Todas las que conocemos en la actualidad han nacido en algún tiempo anterior. Alguien las ha concebido. Alguien ha rechazado lo que existía y ha visto la conveniencia de pensar algo nuevo.

—¡Bravo! —exclamé, y sonreí abiertamente a Doris—. Veamos cómo queda en la pizarra.

> Regla número siete
> CUANDO LAS VIEJAS HERRAMIENTAS NO SIRVEN,
> HAY QUE INVENTAR OTRAS NUEVAS

—Me gusta la definición —comentó Doris.

—¿Alguna más? La necesidad de superación nos pide mejorar las herramientas. Bien observado, Doris. Ahora necesitamos la siguiente. —Miré al equipo.

—Sí, yo tengo una sobre los cambios en el entorno. Viene de lo de las herramientas. El uso de éstas puede descubrirnos nuevos espacios. Nuevas oportunidades. Es posible que el entorno no pida lo que sabemos hacer, sino que el mercado necesita crear un nuevo tipo de negocio —dijo Mateo.

—Imagino un barco de vela. No conozco mucho el arte de la navegación, pero siempre he creído que el capitán está atento a la dirección del viento y, en función de lo que oye y ve, recoge las velas o las despliega todas para tomar el viento. Sabe hacia dónde le llevará esa bocanada de aire, y cuando le conviene cambia y se deja llevar hacia otro lado —explicó Elia.

—Yo imagino lo mismo, pero en un globo aerostático. Subí a la barquilla en uno y me di cuenta que el piloto buscaba las corrientes. Bajaba o subía para encontrar aquella que le llevara a su meta. No estaba quieto a la espera de que cambiara la corriente en la que se movía. La dejaba y buscaba otra nueva —contó Mateo.

—Entiendo lo que queréis decir. Veamos si es esto:

> **Regla número ocho**
> AL IZAR LAS VELAS, ESCUCHA LOS VIENTOS DEL CAMBIO

—Eso es —confirmó Mateo.

Aproveché para explicarles un caso en el que vieran el resultado de esta regla:

—Cuando hallemos la herramienta precisa es posible que nos abra nuevos caminos. Quizá debamos dar un giro de ciento ochenta grados. Me viene a la mente la tienda de deportes que se preguntaba cómo romper la estacionalidad de sus ventas. Tenía grandes dificultades logísticas porque estaba en el Prepirineo y la situación geográfica no les ayudaba a incrementar sus envíos a otros lugares del país. Pero descubrieron una herramienta, Internet, y comprobaron que era una autopista que les daba acceso a cualquier lugar del mundo. Así que nació un nuevo negocio: la venta por comercio electrónico. De ese modo no había impedimentos físicos que les limitaran. Y ya no tenían que esperar al cliente de invierno o verano. Podían vender todo el año. Eso significó entrar en un modelo de negocio totalmente nuevo para ellos. Les obligó a desarrollarse en aspecto logísticos que no podían imaginar. Aprendieron *cross-docking* y negociaron con operadores logísticos de primer nivel. Estoy hablando de algo que ocurrió hace bastantes años. Y quiero deciros que las herramientas estaban ahí para quien supiera ver su utilidad o quisiera probar con algo nuevo. Es una buena muestra de cómo el uso de una herramienta nueva lleva a veces a considerar otros tipos de negocio. Bien, sigamos. ¿Alguna más? —pregunté.

—Pues sí. Algo que viene precisamente de esta última. La posibilidad de que las herramientas nos obliguen a mirar alrededor. Echamos una ojeada y nos damos cuenta de que hay empresas que se mueven rápido. Que toman decisiones aunque sean arriesgadas. Y es porque estudian a la competencia. O sea, ésta es una sobre la competencia —dijo Elia—. Podemos ganar a los grandes si sus debilidades son nuestras fortalezas.

—Creo que tiene que ver con el perfil del líder. Si éste cree que no puede luchar, entonces la batalla está perdida de antemano. Se necesita fortaleza, voluntad y ganas de superar los obstáculos, como hemos visto antes. Pienso que si el líder se achica, no hay nada que hacer —dijo Mateo.

—Bien —respondí—. Veamos:

Al ver la regla, rieron a carcajadas.

—Es así. Pero para eso tiene que verse reforzado por el apoyo del equipo. Son las sinergias. Ya veis, venimos en cascada desde el trabajo en equipo y ese trabajo que busca la sinergia se puede malograr si al frente tenemos a un responsable que no da la talla. Alguien que no conoce las claves del liderazgo sabio. Ése puede ser el resultado: no puede hacer frente a las dificultades porque no tiene quien le apoye y se derrumba ante el obstáculo. Se necesitan líderes *sapiens* que ejerzan el liderazgo sabio.

—Vi que escuchaban atentos y aproveché para avanzar en las reglas. Pedí que pensaran lo que venía después y dije—: Siguiente. Veo que aún salen algunas y hay que apurar hasta la última —dije satisfecho, a modo de reto.

—Bueno, la que voy a citar ha surgido de algún modo en la regla sobre la búsqueda de la suerte. También nace de la anterior, ya que en caso de quedar estancado porque no logra la fortaleza y la voluntad o la confianza, todo queda en lo que había. No habrá cambio. Le costará pensar en lo siguiente. Pero creo que conviene darle entidad propia. Me refiero a la proactividad. Las ideas ponen en marcha el cambio de rumbo cuando es necesario. La complacencia o la desidia nos mantiene en el mismo camino y puede no ser el bueno. Se nos tienen que ocurrir nuevas alternativas y probarlas —dijo Elia.

—Totalmente de acuerdo, Elia. Veamos:

> **Regla número diez**
> **LO QUE OCURRE ES LO QUE SE TE OCURRE**

—Muy bien. Proactividad. No quedarse inerte, inactivo, aplastado por el peso de la responsabilidad, al no tener equipo que le respalde. Creo que esta regla lo define bastante bien. Y me parece una pauta fundamental —dijo Jesús.

—Creo que todas las reglas que han aparecido son esenciales —añadió Andrés.

—Os reto a encontrar una más que las convierta en once reglas, de manera que al no ser el número exacto de diez, que es el que siempre se escoge, queramos decir que hay algunas más que están aguardando a ser localizadas por cada uno de nosotros —propuse.

—Si tiene que venir de la anterior, como ha sucedido con las demás, creo que la regla número once tendrá que ver con la motivación. Quizá nos falta algo que decir sobre las motivaciones —comentó Elia—. De algún modo, todo lo que hemos dicho antes no puede cumplirse si lo que falla es la motivación.

—Ya hemos dicho algo al respecto en la regla número siete que dice que requiere de personas motivadas —la rectificó Jesús.

—Sí, ya sé que hemos dicho motivación, pero quizá no es motivación, me refiero más a la actitud de las personas. Todas las personas de la organización.

—Pues me parece un buen colofón para la once. Estoy totalmente de acuerdo en que es el combustible que hace que toda la maquinaria funcione. Me parece que no podías haber encontrado otra más acertada para ser la número once, Elia. Muy buen trabajo —dije—. Voy a escribirla.

> Regla número once
> LA MOTIVACIÓN ES LA MADRE DE LA ACCIÓN

—Ahora sí que creo que hemos completado el mapa, ¿no creéis? Me parece que podríamos resumir las reglas en un gráfico de ciclo de crecimiento. En realidad veréis que todas ellas tienen correlación.

Fui a la pizarra y dibujé el gráfico.

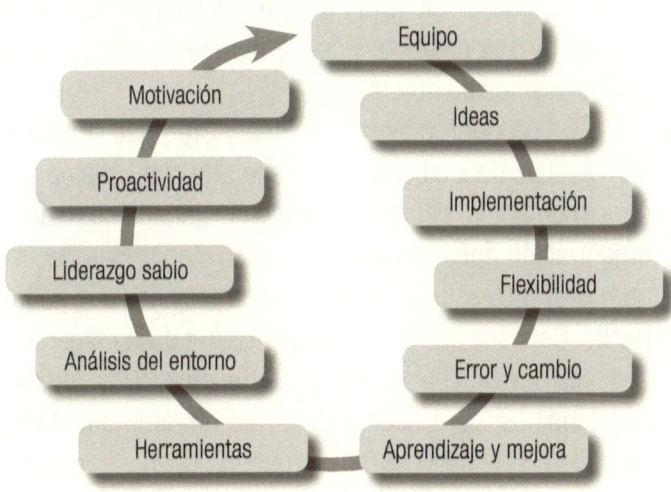

—¿Veis? Una secuencia que nos habla del crecimiento de la organización basada en unas reglas sencillas pero potentes. Al principio podría pareceros que las reglas eran inconexas, ya que unas tienen que ver con la organización y en cambio otras se relacionan con el entorno. Pero es como sucede en el mundo real. Aspectos internos y externos que confluyen en la organización. De dentro hacia fuera y de fuera hacia dentro en una interacción constante. Aquí, en este gráfico, podéis ver bien el resultado de esta confluencia. Se convierte en una secuencia en la que las reglas muestran una correlación de crecimiento. Todo comienza con el equipo de trabajo y finaliza con él. Fijaos que en el caso de que no exista la regla número once, difícilmente lograremos que el equipo funcione. Es el combustible para un motor de gran cilindrada, ¿no creéis? —pregunté. Y sin esperar la respuesta, quise felicitarlos—: A lo largo de la sesión habéis hecho un trabajo excelente. ¡Enhorabuena a todos! —dije, con verdadera satisfacción.

Andrés se dirigió a mí, pero enseguida cambió la dirección de sus palabras y habló mirando a cada uno de los integrantes de su equipo.

—Es un buen glosario de ideas. Creo que el trabajo con el relato desemboca en un recetario que sirve no sólo para momentos difíciles, sino como vademécum de la organización para cualquier situación. Tengo que deciros que estoy muy satisfecho con las aportaciones que habéis hecho. Confieso que durante buena parte de la mañana he pensado que estabais tratando de dejar claro los defectos que tenemos, pero poco a poco me he dado cuenta del verdadero sentido. A partir de mañana mismo cambiarán algunas cosas. Me gustaría que Doris liderara la reunión para comenzar a trabajar sobre lo que nos conviene. ¿Os parece que sea ella? —preguntó a los demás.

Todos estuvieron de acuerdo. La misma Doris no se resistió mucho a la propuesta de Andrés.

Andrés se dirigió a mí:

—Doy las gracias a Víctor. Creo que ha sido de gran ayuda.

—Vosotros habéis colaborado para que sea así. Es justo lo que pretendía —dije—: que entre todos viéramos que hay un modo diferente de hacer las cosas. Pero cuidado, ese modo distinto también implica un mayor grado de compromiso por parte de todo el equipo. Tengo que decirte que la formación es absolutamente necesaria, pero si únicamente se forma el empleado y el responsable no ejerce el liderazgo debido, no lograremos nada. El hecho de tener personas más formadas que no tienen posibilidad de aplicar lo aprendido hará que se frustren todavía más. El equipo quiere participar y le pedimos que participe. Ya no es el jefe el que toma en solitario las decisiones y el que se equivoca. Es la organización completa la que por medio de las personas que la componen toma decisiones, y la que, cuando no acierta, debe aprender de los errores para readaptar la nueva estrategia a seguir. Aprender y adaptarse con rapidez. Ésas son las nuevas reglas del juego. En realidad son reglas del **liderazgo sabio**.

—Víctor, perdona, pero no nos puedes dejar sin saber qué es lo que sucedió con los clanes —dijo Elia—. Me muero por conocerlo.

Sonreí.

—Os contaré cómo acaba la historia: tenéis que saber que al clan de Nean no le fue muy bien. Los neandertales no lograron sobrevivir. Los estudios anteriores sobre su ADN indican que se separaron genéticamente hace 600.000 años, para no volver a encontrarse jamás, a pesar de vivir a una escasa distancia unos de otros. Pero en la actualidad, algunos análisis de la composición genética de los seres humanos han dado como resultado que llevamos unas decenas de genes neandertales. En alguna etapa de la prehistoria, humanos y neandertales se cruzaron. A pesar de que existía esta sospecha de que pudiera haber ocurrido, no se había podido demostrar. Hasta ahora. ¿Qué pruebas hay? ¿Cómo se sabe? Porque para hacer ese primer borrador del genoma neandertal, los científicos recogieron muestras de algunos restos de esa especie. En concreto, varios huesos de hembras neandertales hallados en varios puntos del planeta. Uno de esos lugares es la cueva de El Sidrón, en Asturias. Un yacimiento arqueológico de primerísimo nivel para estudiar esa especie. El resultado avala lo que antes era una mera sospecha. Hubo cruce. Aun así, estos últimos no lograron seguir la carrera de la evolución. Se quedaron en el camino como especie. ¿Cómo? Por lo que se conoce hasta la fecha, hace unos 30.000 años que desaparecieron por completo de la faz del planeta y existen muchas teorías sobre las causas. Algunos opinan que la razón fue la ausencia de un auténtico lenguaje. Otros, que fue su escasa capacidad para expresar su simbolismo. Pero la mayoría de científicos y arqueólogos apuntan como causa de su desaparición el hecho de que los de esa rama no supieron adaptarse al nuevo entorno y no fueron capaces de manejar los recursos y la economía de su tiempo. O sea, que no supieron modificar lo necesario para seguir compitiendo en un mundo agresivo y cambiante que no les ponía fácil la supervivencia si se aferraban sólo a lo conocido.

»En cambio, a los del clan de Croman les fue muy distinto. Croman vio nacer a su hijo y a otros muchos hijos más. Sobrevivieron a los cambios. La mayoría de los especialistas en la actualidad sostienen que el lenguaje y el simbolismo les permitieron compartir conocimiento y desarrollo. Estos cromañones, bautizados luego como *Homo sapiens*, introdujeron cambios sustanciales en sus herramientas y su comunicación, y de ese modo pudieron evolucionar luego hacia el *Homo sapiens-sapiens*, que somos todos nosotros.

El equipo de Andrés sonrió, como si les viniera a la memoria en ese instante la lección del instituto sobre los hombres del Paleolítico. Parecían satisfechos.

—Os invito a comer como final de esta sesión tan interesante. Quiero aprovechar para pedirle a Víctor que trabaje con nosotros en el proyecto de cambio. Que nos ayude. Tengo claro que aquí hay un equipo y nos vendrá bien que nos guíe en la búsqueda de mejoras —dijo Andrés.

—Acepto con una sola condición. Que durante la comida no se hable de nada que tenga que ver con el trabajo. Es un buen momento para hablar de nuestras cosas, nuestras aficiones, los asuntos que nos interesan, los planes que tenemos, en fin, conocernos todos mejor y no para arruinarlo con asuntos que deben quedar entre las paredes de la empresa. —En los rostros de Elia y los demás observé sorpresa y gratitud. Seguí—: A los temas de la organización hay que dedicarles el tiempo con intensidad mientras estás en las horas de trabajo definidas, entonces se «vuelca el saco», como se dice, pero en cuanto cruzas la puerta hacia la calle, la empresa y sus historias se esfuman y dejan paso a la vida de cada uno de nosotros. No es razonable lo que hacen esos responsables que llaman a todas horas al móvil de sus colaboradores. No respetan sus horas de descanso ni sus espacios de tiempo privados. ¡Cómo quieren que al día siguiente vayan a la empresa dispuestos a entregar lo mejor de sí mismos! ¿Acaso creen que de verdad el colaborador hará otra cosa que maldecir el momento de la llamada? ¿No entienden que es su responsabilidad generar una organización que dé respuesta a las necesidades del negocio, en el horario de trabajo?

»¿Sabéis qué pienso? —les pregunté, sin fijarme en nadie en particular—. Pienso que hay vida tras la jornada laboral. Y que desconectar es una necesidad fisiológica, y una condición necesaria para encarar cada día con la energía que requiere. Así que si vamos a comer, os digo lo mismo: me apetece conoceros como humanos que compartís este mundo conmigo. El trabajo en el trabajo, y luego fuera del trabajo hablemos de todo lo demás. Estoy seguro de que será interesante conocer vuestras apetencias e inquietudes. Eso si las queréis contar, desde luego. Es cuestión de sentir el interés. Pero un **líder** *sapiens* tiene interés en conocer a las personas que trabajan con él. ¿Y cómo se conoce a alguien? Pues, como dice Danny DeVito en una gran escena: «Si quieres conocer a la persona, pregúntale por sus hijos, indaga cuáles son sus sueños...».

Me moví una vez más a la pizarra, borré todo lo que había hasta ese momento y dibujé palabras y algunos símbolos:

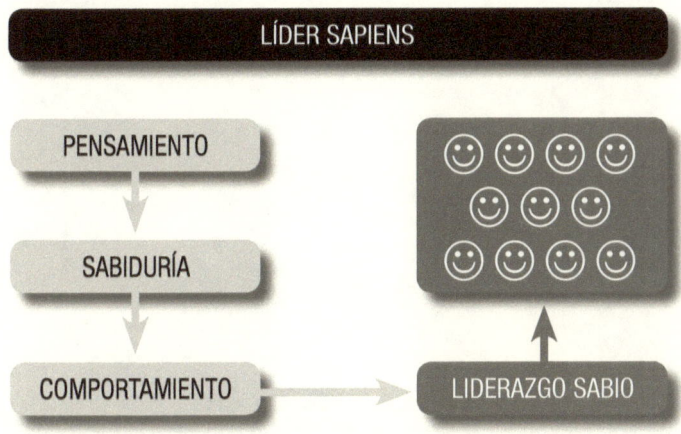

—Lo que significa un Equipo Sabio.

Todos rieron. Solté el rotulador junto a la pizarra y me volví hacia ellos. Los ojos de Doris, Jesús e incluso los de Andrés, me dijeron que estaban de acuerdo con mis palabras. Creo que el dibujo ayudó a que nadie pusiera pegas a una buena comida. De hecho, una comida bien llevada, en la que se hable de lo que interesa a las personas, sin que aparezcan forzosamente los asuntos del trabajo, puede ser la mejor entrada para forjar una relación de pertenencia al equipo de trabajo. Y un buen equipo, junto a un líder *sapiens*, es justo lo que necesita una organización para ayudarla a sortear cualquier crisis.

—Ahora sí que tengo hambre —dije, pasando la mano derecha sobre la barriga.

Noté algo, y antes de mirarme la mano y la camisa supe lo que había ocurrido. Así que no tuve más remedio que pedirle a Andrés:

—Perdona, ¿tienes algo para limpiarme la mano de tinta?

CONCLUSIONES

Creo que la mejor forma de cerrar este libro es dejar que vuestra mente de lector haga su trabajo. A lo largo de las páginas que habéis leído, vuestros hemisferios cerebrales han hecho cosas diferentes. El derecho os ha sacado de la sala de reuniones, os ha llevado de la sabana a la cueva y ha seguido a los cazadores, mientras que el izquierdo ha establecido relaciones entre el mundo pasado y el presente. Entre lo que vivíais y lo que decían los que estaban en la sala. Trabajo completo. Ahora toca reposar las ideas.

Pero me gustaría agregar un poco más.

La empresa es una organización social que, como tal, se compone de personas. Estas personas trabajan interrelacionadas para ganar en eficacia en su camino de consecución de los objetivos. Cada una de ellas tiene un compromiso con la organización que responde a lo pactado en un contrato. A cambio, la empresa se compromete a cumplir lo convenido en el documento. Hasta aquí todo normal. Sin embargo, lo que no está escrito en ese papel es que quien tenga responsabilidades en la organización actuará siguiendo las pautas que se estiman adecuadas al perfil de un líder. Eso no se dice.

Esto significa que en los diferentes niveles de responsabilidad de la empresa nos encontramos con una tipología de comportamientos diversos. Responsables que actúan con distintos métodos y modos impropios. El resultado es que un porcentaje alto de esos comportamientos resultan inadecuados para tratar con la gente que está a su cargo y más aún para lograr que se impliquen en la consecución de las metas trazadas.

Las encuestas avalan lo que digo. No conozco ninguna encuesta cuyo resultado sea alentador. ¡Cuidado! Con esto no quiero decir que no existan respuestas positivas, lo que remarco es que la mayoría no lo son. A la pregunta de *¿cree usted que tiene un buen jefe?*, la respuesta suele ser negativa en un porcentaje muy alto. Las charlas de café, las comidas de empresa, las reuniones delante de la cafetera de la organización se llenan de críticas hacia el modo de hacer de muchos de los jefes o directivos. Y no hay mucha diferencia entre los distintos niveles que tengan en la organización.

A lo largo del tiempo, en las escuelas de negocios se ha formado a los directores o futuros directores en los aspectos funcionales de la organización. Todo lo que tiene que ver con el conocimiento explícito: aprender a controlar una producción, un inventario, una ingeniería de procesos, a tratar a los proveedores, la planificación, las ventas, etcétera. Pero también hace ya un tiempo que esas mismas escuelas se han dado cuenta de que no era suficiente. Con toda probabilidad se preguntaron cómo es que a pesar de saber tanto de esas materias las cosas no iban bien en las empresas. Por qué fallaban las estrategias. Finalmente, alguien debió de llegar a la conclusión de que era debido a que las estrategias y las tácticas las aplican las personas que trabajan en la organización, y que por mucho que el responsable tenga grandes ideas, si quienes las tienen que implementar no las reconocen ni las tienen como suyas, entonces no funcionarán. Si no están motivados ni reconocen la organización como algo a cuidar para el futuro, el camino de la empresa parece un poco gris.

Hemos hecho juntos un recorrido apasionante por el pasado y el presente, a través del cual hemos visto cómo nuestros antepasados superaron las dificultades trabajando en equipo y cómo esto fue posible gracias al ejercicio de un liderazgo adecuado. Ese mismo que propongo como **liderazgo sabio**.

Hoy en día, más que nunca, son necesarios la presencia y desarrollo de ese líder *sapiens* capaz de crear un equipo de trabajo y de acompañarlos a lo largo del camino que lleva hacia la excelencia. El líder de hoy debe crear una senda de crecimiento basado en valores de integridad, cuyo máximo ejemplo debe ser la propia persona que lidera. Si no es así, y si no se responde a este perfil de líder *sapiens*, no será extraño ver aparecer en la organización la apatía y la falta de compromiso de los empleados.

Por el contrario, cuando las personas se involucran en la organización es más fácil hallar soluciones a los problemas. Si participan, surge la ocasión de que aparezca el sentido común y lo que antes era un obstáculo insalvable, se convierte en algo con solución o en una nueva oportunidad. Las cosas pueden cambiar cuando se miran desde otro punto de vista. Y quien ejerce el liderazgo sabio lo tiene muy en cuenta y busca, por lo tanto, que las personas participen.

Pero va mucho más allá: ser alguien que practica el liderazgo sabio implica llevar un estilo de vida acorde y congruente con aquello que se pide a los demás. Ética, calidad de la persona, orientación hacia los demás. ¿Cuál es la recompensa? La posibilidad de mejora como ser humano y la ocasión de alcanzar el éxito profesional. ¿Os parece poco? Pues ahora queda en vuestras manos.

«Hemos ganado en humanización en el sentido de que nos hemos adaptado a través de la tecnología y esto nos hace humanos, pero... no estoy yo muy convencido de que haya habido una buena sociabilización que haya generado equilibrio de nuestra especie en el planeta. Y es el paso que nos falta dar: utilizar el conocimiento para cambiar nuestra forma de relacionarnos...»

Eudald Carbonell, entrevistado por Pepa Bueno para el programa de tv2, *Cultural.es*

BIBLIOGRAFÍA

Libros sugeridos:

Adair, John y Peter Reed. *No jefes, sino líderes*, Fundación Confemetal, Madrid, 2007.

Covey, Stephen R., *El liderazgo centrado en principios*, Ed. Paidós, Barcelona, 1993.

—, *Primero, lo primero*, Ed. Paidós, Barcelona, 1995.

—, *El líder interior*. Ed. Paidós, Barcelona, 2009.

—, *Los siete hábitos de la gente altamente efectiva*, Ed. Paidós, Barcelona, 2009.

Drucker, P. F. *La empresa en la sociedad que viene*, Ed. Urano, Barcelona, 2003.

Fernández, Rufino, *¡Acorralado! Gerentes, directores...* Colección Puenteaereo.biz, Ed. Granica, Barcelona, 2003.

Goleman, D., R. Boyatzis y A. McKee, *El líder resonante crea más*, Ed. DeBolsillo, Barcelona, 2003.

Goleman, Daniel, *La inteligencia emocional aplicada a la empresa*, Ed. Kairós, Barcelona, 1996.

—, *La salud emocional*, Ed. Kairós, Barcelona, 2000.

Kotter, John P., *La verdadera labor de un líder*, Harvard Bussines School Press / Ed. Norma, Bogotá, 1999.

Lévy-Leboyer, C., *La motivation dans l´enterprise*, Ed. D´Organisation, París, 1998.

Perkins, Denis N. T., *Lecciones de liderazgo*, Ed. Desnivel, Madrid, 2003.

Artículos de interés en la revista
Harvard Deusto Business Review:

Drucker, Peter F., «Gestionarse a uno mismo», en *Harvard Deusto Business Review*, n° 137 (2005), pp. 62-71.

——, «Qué hace falta para ser un directivo eficaz», en *Harvard Deusto Business Review*, n° 127 (2004), pp. 6-12.

Finley, Michael, «Los directivos y los equipos de trabajo», en *Harvard Deusto. Marketing & Ventas*, n° 52 (2006), pp. 54-60.

Goleman, Daniel, «Qué hace falta para ser un líder», en *Harvard Deusto Business Review*, n° 126 (2004), pp. 50-59.

Prentice, W. C. H., «Comprender el liderazgo», en *Harvard Deusto Business Review*, n° 132 (2005), pp. 62-69.

Priestland, A. y R. Haning, «Desarrollar a los líderes de primer nivel», en *Harvard Deusto Business Review*, n° 140 (2005), pp. 60-69.

Quintana Forns, Joan, Cristophe Launy, Lluís Casado, «Tecnología humana para la dirección», en *Harvard Deusto Business Review*, n° 129 (2004), p. 70.

Rooke, D., y William R. Torbert, «Las siete transformaciones del liderazgo», en *Harvard Deusto Business Review*, n° 140 (2005), pp. 30-43.

Stein, G., y José Ramón Pin, «Cómo dirigir a las nuevas generaciones de profesionales: motivaciones y valores de la generación Y», en *Harvard Deusto Business Review*, nº 178 (2009), pp. 47-54.

Algunos programas que ayudan al desarrollo operativo y el liderazgo sabio:

- Máster en Gestión Integrada de Proyectos. *Project Management,* IL3, Institute for LifeLong Learning, UB. Universidad de Barcelona.
- Programa de Técnicas de Influencia y Liderazgo Inteligente. IFD Instituto de Formación Directiva. ifd-bcn.org.Barcelona.
- Máster en Inteligencia Emocional, IL3, Institute for LifeLong Learning, UB. Universidad de Barcelona.
- Programa de Técnicas y Habilidades en la Gestión y Resolución de Conflictos. IFD Instituto de Formación Directiva. ifd-bcn.org. Barcelona.
- Máster en Dirección de la Cadena de Sumnistros Integral. *Supply Chain Management,* IL3, Institute for LifeLong Learning, UB. Universidad de Barcelona.
- Programa de Habilidades de Comunicación en público y Técnicas Avanzadas de Presentación. IFD Instituto de Formación Directiva. ifd-bcn.org. Barcelona.
- Máster en Recursos Humanos, IL3, Institute for LifeLong Learning, UB. Universidad de Barcelona.
- Máster de Dirección de Comunicación Empresarial, IL3, Institute for LifeLong Learning, UB. Universidad de Barcelona.